A EXPRESSÃO DO TEMPO EM PORTUGUÊS

COLEÇÃO
REPENSANDO A LÍNGUA PORTUGUESA

REPENSANDO
REPENSANDO A LÍNGUA PORTUGUESA
REPENSANDO

A EXPRESSÃO DO TEMPO EM PORTUGUÊS

RODOLFO ILARI

editora**contexto**

Copyright © 1997 Rodolfo Ilari

Todos os direitos desta edição reservados à
Editora Contexto (Editora Pinsky Ltda.)

Coleção
Repensando a Língua Portuguesa

Coordenador
Ataliba Teixeira de Castilho

Projeto gráfico e de capa
Sylvio de Ulhoa Cintra Filho

Capa
Elias Akl

Composição e filmes
Niulze Aparecida Rosa

Dados Internacionais de Catalogação na Publicação (CIP)
(Câmara Brasileira do Livro, SP, Brasil)

Ilari, Rodolfo
A expressão do tempo em português /
Rodolfo Ilari. – 2. ed. – São Paulo :
Contexto, 2025. – (Repensando a Língua Portuguesa)

Bibliografia
ISBN 978-85-85326-02-9

1. Português – Verbos 2. Português – Verbos – Regência
I. Título. II. Série.

95-4758   CDD-469-5

Índice para catálogo sistemático:
1. Verbos : Tempo : Português : Linguística 469.5

2025

EDITORA CONTEXTO
Diretor editorial: *Jaime Pinsky*

Rua Dr. José Elias, 520 – Alto da Lapa
05083-030 – São Paulo – SP
PABX: (11) 3832 5838
contato@editoracontexto.com.br
www.editoracontexto.com.br

Proibida a reprodução total ou parcial.
Os infratores serão processados na forma da lei.

SUMÁRIO

O AUTOR NO CONTEXTO 7

INTRODUÇÃO 8

1. OS TRÊS MOMENTOS ESTRUTURAIS NA DESCRIÇÃO DOS TEMPOS 13
2. OS ADJUNTOS QUE LOCALIZAM EVENTOS 20
3. AS PERÍFRASES DE TEMPO 28
4. A EXPRESSÃO DA DURAÇÃO 38
5. A EXPRESSÃO DA REITERAÇÃO 51
6. A EXPRESSÃO DO TEMPO NAS ORAÇÕES SUBORDINADAS 69

CONSIDERAÇÕES 82

REFERÊNCIAS BIBLIOGRÁFICAS 84

O AUTOR NO CONTEXTO

Nascido em Biella, Itália, em 1943, Rodolfo Ilari vive no Brasil desde 1959. Cursou o Colegial no Instituto de Educação de Jundiaí, e o curso de Letras na Faculdade de Filosofia, Letras e Ciências Humanas da Universidade de São Paulo, graduando-se em Português e Francês em 1968. Seu mestrado e seu doutorado, que datam respectivamente de 1971 e 1975, foram dedicados à pesquisa de temas de coesão textual.

Em 1970, passou a fazer parte, com Carlos Franchi, Carlos Vogt e Haquira Osakabe, da equipe de lingüistas a partir da qual se constituiria, em 1977, o Instituto de Estudos da Linguagem da Universidade Estadual de Campinas, instituição na qual trabalha até hoje.

Dedicando-se ao ensino e à pesquisa em lingüística teórica e aplicada, tem publicado sobre temas como a articulação da sentença em unidades informativas (*Perspectiva Funcional da Frase Portuguesa*, 1991), as classes de palavras do português falado (*Considerações sobre a posição dos advérbios*, 1992) e a formação histórica das línguas românicas (*Lingüística Românica*, 1992).

Seu principal interesse é contudo a Semântica, disciplina à qual dedicou um livro de introdução (*Semântica*, 1985, escrito em colaboração com João Wanderley Geraldi) e uma série de artigos. O interesse pelos mecanismos constitutivos do sentido é a motivação principal deste "esboço de uma gramática dos tempos", em que se mostra, entre outras coisas, como os tempos verbais, os adjuntos e os auxiliares afetam a interpretação das sentenças sob o ponto de vista da localização temporal dos fatos de que elas tratam.

INTRODUÇÃO

O estudo da expressão lingüística do tempo, em português, deveria dar conta das seguintes tarefas:

1) reconhecer as expressões e construções que indicam tempo, caracterizando sua contribuição à interpretação das sentenças em que ocorrem;

2) desenvolver um conjunto de noções e uma metalinguagem adequadas para a descrição das expressões e construções gramaticais que indicam tempo;

3) elaborar representações formais das sentenças que levem em conta as referências temporais nelas contidas, ou seja, definir procedimentos que permitam construir fórmulas de uma linguagem abstrata e isenta de ambigüidades cuja estrutura sintática permita **exibir as referências temporais das sentenças da língua corrente**.

As questões tratadas neste livro referem-se, sem esgotá-las, às duas primeiras tarefas e receberam nele um tratamento tipicamente intuitivo. Ainda assim, este tratamento da expressão lingüística do tempo é bastante complexo e articulado.

As razões desta complexidade são várias.

Em primeiro lugar, nesse domínio, à semelhança do que ocorre em muitos outros domínios de análise lingüística, não há correspondência biunívoca (um a um) entre os recursos expressivos e os conteúdos expressos. Assim, para citar um exemplo conhecido, a forma verbal do presente do indicativo remete ora a fatos presentes, ora a fatos futuros ou mesmo passados, como nos exemplos

(1-1) X faz anos hoje.

(1-2) X faz anos o mês que vem.

(1-3) Em 1834 Dom Pedro completa 15 anos e torna-se elegível para o trono imperial pela lei recém-aprovada.

Reciprocamente, uma mesma circunstância temporal pode ser expressa por várias formas: compare-se (1-2) a (1-4), onde a idéia de futuro é expressa pela perífrase **vai fazer**

(1-4) X vai fazer anos o mês que vem.

À essa falta de biunivocidade soma-se o fato de que muitas construções utilizáveis para expressar tempo exprimem também outros conteúdos, sobretudo de **modo** e **aspecto**: por exemplo ver na sentença

(1-5) Agora eu **era** o herói e meu cavalo só **falava** inglês.

o imperfeito do indicativo foi usado não para remeter ao passado, mas para criar um mundo de faz-de-conta, e este é um típico uso modal, como o é o uso do futuro para indicar conjectura (ou fato que não se pretende verificado) em

(1-6) Neste momento, o satélite canadense estará passando por cima de Maceió.

A diferença de interpretação que se observa intuitivamente entre esses dois usos de **dormiu**

(1-7) a. Finalmente, um pouco antes das quatro da manhã, a criança **dormiu** (= adormeceu), e os pais puderam descansar um pouco.

9

b. A criança dormiu (= esteve dormindo) das quatro da manhã até a tarde do dia seguinte.

é uma das tantas diferenças de aspecto com que se esbarra na análise de um "tempo" verbal como o pretérito perfeito.

Nem sempre é fácil separar os valores autenticamente "temporais" das expressões lingüísticas de seus valores aspectuais e modais. Aliás, toda vez que se faz essa distinção, fica sempre no ar uma sensação de frustração, talvez por que acabam sendo colocadas de lado perguntas instigantes, do tipo "por que esta forma verbal, com estes valores temporais, e não outra qualquer, assume precisamente esses valores aspectuais e modais?"

Este livro tematiza a expressão do tempo e trata de aspecto e modo apenas marginalmente. Para consolo do leitor interessado nesses outros temas, lembre-se que o estudo do aspecto e do modo passa, necessariamente, pelo estudo da gramática do tempo.

Com as limitações que acabo de explicitar, a expressão do tempo continua sendo um tema de grande complexidade, e isso criava antes de mais nada uma dificuldade de organização das matérias, impondo um cuidado todo especial na escolha do roteiro a ser utilizado para fins expositivos. Por isso, convém explicitar desde já o roteiro adotado, que me pareceu o mais apropriado para garantir à exposição uma certa clareza didática.

Tratar-se-á, em primeiro lugar, **de tempos verbais**, descrevendo a maneira como localizam no tempo eventos momentâneos ("Os três momentos estruturais na descrição dos tempos"). Sucessivamente, tratar-se-á de adjuntos e auxiliares utilizados para o mesmo fim ("Os adjuntos que localizam eventos" e "As perífrases de tempo").

Em contraponto com esses três primeiros capítulos, o quarto e o quinto tratam, respectivamente, da localização temporal de estados de coisas duráveis e de eventos que se reiteram.

Um sexto capítulo é dedicado às relações de tempo entre as orações principais e as orações subordinadas, com particular atenção às chamadas "subordinadas temporais".

Como o leitor terá percebido, essa disposição das matérias subentende que os fatos de que se pode tratar nos períodos simples da língua portuguesa podem ser conceitualizados ou como eventos momentâneos (sem duração interna, como "o marinheiro **avistou o novo continente** em meados de outubro de 1492"), ou como estados duráveis (com duração interna, como "o posto de atendimento do INPS **fica na rua Martins Fontes**") ou ainda como ações que se repetem (como em "X **participa da Folia de São Benedito** desde a infância"), e que em qualquer dessas hipóteses são relevantes para a interpretação temporal pelo menos três dados gramaticais: o tempo em que se encontra o verbo, a presença possível de "auxiliares de tempo" e o tipo de adjuntos adverbias eventualmente presentes na sentença.

Com isso, chega-se a um "quadro" como (I-Q), que resume, em linhas muito gerais, o conteúdo de toda a primeira parte deste livro.

(I-Q)

	Valores		
	Momentâneos	Durativos	Reiterativos
Tempos verbais	Cap. 1		
Adjuntos adverbiais	Cap. 2	Cap. 4	Cap. 5
Verbos auxiliares	Cap. 3		

A estratégia expositiva adotada é, pois, "comulativa": os primeiros três capítulos fornecem parâmetros para o quarto e o quinto; e todos esses capítulos fornecem por sua vez um parâmetro para o capítulo 6, em que se trata de períodos complexos.

Vê se pelos títulos aqui anunciados que o livro terá um caráter fortemente descritivo; antes de passar à descrição propriamente dita, vale uma advertência: a palavra **tempo** cria uma confusão indesejável entre dois planos de descrição que convém manter distintos: o da linguagem, onde se trata de morfemas, palavras e construções gramaticais, e do mundo onde se registram fatos com determinadas relações cronológicas. Para evitar confusões, a palavra **tempo** será aplicada apenas ao mundo, tratando por exemplo de durações e de relações de simultaneidade, anterioridade e posterioridade. Sempre que for preciso tratar dos recursos estruturais envolvidos na expressão lingüística do tempo, falaremos **em morfema de tempo, tempo verbal, tempo em que ocorre o verbo**. Por essa convenção, os tempos verbais, lembre-se, são formas em que o verbo se conjuga para indicar (entre muitas outras coisas) tempo.

OS TRÊS MOMENTOS ESTRUTURAIS
NA DESCRIÇÃO DOS TEMPOS

Boa parte das idéias que serão expostas neste livro são relativamente antigas.

A idéia central deste capítulo enquadra-se numa tradição que remonta ao livro *Elements of Symbolic Logic*, do filósofo e lógico Hans Reichenbach, publicado no final da década de 40. Representantes recentes e categorizados são Carlota Smith e Marion Johnson, na lingüística americana e, entre nós, Maria Luisa Coroa.

Depois de fazer uma alentada exposição da doutrina lógica da época, o livro de Reichenbach faz uma minuciosa resenha das propriedades lógicas das línguas naturais e, ao tratar do verbo, aponta como característica fundamental dos morfemas de tempo (tenses) do inglês, a capacidade de relacionar cronologicamente três tempos ou momentos que seriam estruturalmente relevantes para sua compreensão:

- o momento da fala, MF (*speech time*)
- o momento da realização da ação expressa pelo verbo, ME (*event time*)
- o momento da referência, MR (*reference time*)

A idéia de Reichenbach é bastante próxima das intuições do falante e se aplica bem ao português. Assim, não admira constatar que Jerônimo Soares Barbosa, um dos mais importantes gramáticos da língua portuguesa, que viveu no final do século XVIII, tenha descoberto, por sua conta, a necessidade de correlacionar cronologicamente três momentos distintos, um dos quais é o próprio momento da fala, outro o momento em que a ação se realiza, e outro um momento tomado como ponto de referência suprido pelo contexto, como atesta esta passagem de sua *Grammatica Philosophica* (p. 150) em que se trata do pretérito mais-que-perfeito.

> "Este pretérito nota uma existência não só passada, como o pretérito imperfeito, e não só passada e acabada indeterminadamente, como o pretérito absoluto, e não só passada e acabada relativamente à época atual, como o presente perfeito; mas passada e acabada relativamente a outra época também passada, mas há mais tempo, e marcada ou por um tempo determinado, ou por um fato, quer expresso, quer subentendido, como quando digo: *ontem, ao meio dia, tinha eu acabado esta* obra; onde meio-dia é a época a respeito da qual, e antes dela era já passada e acabada a obra. E quando digo: *eu tinha saído quando ele entrou*; a entrada é também uma época pretérita a respeito da presente em que estou falando. Mas, minha saída não só é anterior e passada, mas ainda concluída e acabada a respeito da dita entrada."

Essa descrição de Soares Barbosa corresponde perfeitamente à fórmula

(1-1)   ME → MR → MF

que Reichenbach associa ao mais-que-perfeito, descrito canonicamente como o tempo que situa o momento do evento antes do momento de referência, que por sua vez se situa antes do momento de fala.

Redescoberta pelos lingüistas durante a década de 70, a proposta de Reichenbach vem exercendo desde então uma atração muito grande, que provavelmente se explica porque responde a duas exigências que têm um fortíssimo apelo intuitivo:

a) em primeiro lugar, fornece instruções para situar o "momento de evento", isto é, para localizar no tempo a ação expressa pelo verbo. E esse é, intuitivamente, o objetivo último do uso dos tempos verbais;

b) em segundo lugar, ao levar sistematicamente em conta o "momento de fala", confirma a intuição corrente de que o fundamento direto ou indireto da interpretação das formas verbais flexionadas em tempo é a dêixis, isto é, a referência à própria situação da enunciação. De fato, os tempos do verbo compartilham çom os dêiticos mais típicos – os pronomes de primeira e segunda pessoa e os demonstrativos **isto, isso** e **aquilo** – a capacidade de identificar realidades (no caso, os momentos e períodos de tempo em que ocorrem as ações e os estados expressos pelo verbo) localizando-as relativamente ao ato de fala.

Em certos casos, o roteiro de interpretação dos tempos propostos por Reichenbach cria uma situação aparentemente paradoxal, pois ao invés de estabelecer uma relação temporal imediata entre o momento de fala e o momento de evento, reconstrói essa relação por intermédio do momento de referência (ver a fórmula que traduz o pretérito mais-que-perfeito). Mas é precisamente nesses casos que o momento de referência assume um papel autenticamente explicativo. Ademais, como veremos, o "momento de referência" pode corresponder ao tempo expresso pelos adjuntos de tempo: por isso, é um elemento importante em qualquer tentativa de esclarecer seu papel. Além disso, é necessário recorrer à noção de momento de referência para compreender certas determinações temporais que a sentença sofre no co-texto, em particular no cotexto narrativo: é que, à falta de indicações mais específicas, dadas por exemplo pelos adjuntos de tempo, o co-texto anterior fixa geralmente o momento de referência da oração seguinte, como se pode ver neste trecho:

(1-2) O agente federal subiu até a sala da diretoria, deserta àquela hora da noite. Alguém tinha deixado uma pasta sobre uma das mesas, e não foi difícil perceber que algumas das folhas tinham sido arrancadas às pressas.

(a interpretação corrente localiza a ação de quem deixa a pasta sobre uma das mesas e a ação de quem arranca as folhas como anterior à entrada do agente federal na sala da diretoria)

Ao justificar o apelo que o roteiro de Reichenbach tem exercido sobre os lingüistas, não pretendo sugerir que ele seja livre de problemas: um deles vem da própria noção de momento. Veremos num próximo capítulo que uma análise em termos de períodos ou lapsos de tempo, ao invés de "momentos", é muito mais vantajosa.

Os méritos e as dificuldades da fórmula de Reichenbach ficam mais claros quando a aplicamos, para começar, aos tempos simples do modo indicativo.

As idéias correntes na tradição gramatical, a respeito do presente, do mais-que-perfeito e do futuro do pretérito correspondem intuitivamente às seguintes fórmulas de Reichenbach:

(1-3)   a. Presente: MF = MR = ME

b. Futuro do pretérito: MF ← MR; ME ← MR

c. Mais-que-perfeito: MF ← MR; ME → MR

É evidente a localização do momento de evento em relação ao de fala, ao passo que para o imperfeito, fica à primeira vista pouco claro como deva ser tratado o momento de referência, que poderia, em princípio, coincidir com qualquer dos outros dois.

d. Imperfeito: MF ←-- MR = ME (ou: MF e MR ← ME)

e. Perfeito: MF = MR ← ME   (ou: MF ← MR = ME)

f. Futuro: MF = MR → ME   (ou: MF → MR = ME)

Não há provavelmente como decidir por uma ou outra fórmula, se quisermos tratar dos morfemas verbais de tempo sem levar em conta outros fatores que incidem na interpretação temporal das sentenças. Mas, numa perspectiva mais abrangente, que inclua os adjuntos e os auxiliares de tempo, a escolha encontra motivações satisfatórias.

Consideremos para exemplificar a sentença (1-4), e nela o adjunto adverbial **hoje**. A qual, dentre os momentos definidos por Reichenbach, se refere esse adjunto?

(1-4)   Hoje faço trinta anos.

A resposta "tempo de fala" deve, obviamente, ser evitada, se quisermos exemplificar (1-4) da maneira análoga a (1-5).

(1-5)   **Ontem** fiz 30 anos.

Em (1-5), o momento da fala e o momento da realização do evento "completar 30 anos" obviamente não coincidem. Pareceria razoável afirmar-se que em ambos os casos o advérbio indica o ME, havendo coincidência com MF em (1-4) e defasagem em (1-5); mas o exemplo mais complexo (1-6) leva a rejeitar também essa resposta, identificando-se **amanhã** como o momento **posterior** a MF em relação ao qual se considera passado o evento "completar 30 anos":

(1-6) Amanhã, terei completado 30 anos.

Analisando esses três exemplos e assumindo o compromisso de caracterizar de maneira uniforme a relação entre os adjuntos que neles ocorrem e os três momentos estruturalmente relevantes, chega-se em suma à conclusão de que os adjuntos adverbiais fixam o MR da oração em que estão incluídos. Reciprocamente, em caso de dúvida, poderíamos identificar o tempo de referência ao tempo indicado pelo adjunto: e isto por sua vez nos levaria a escolher as fórmulas

a. Imperfeito: MF $\leftarrow$ MR = ME

b. Perfeito: MF $\leftarrow$ MR = ME

c. Futuro: MF $\rightarrow$ MR = ME

Infelizmente, não há nenhuma certeza de que essa explicação possa ser generalizada. Há pelo menos duas interpretações distintas, sistematicamente associadas a (1-7).

(1-7) X tinha chegado às 7 de ontem.

a saber:

(1-8) a. Às 7 de ontem, a chegada de X era um fato passado.

b. Em algum momento do passado, a chegada de X era um fato passado, acontecido às 7 de ontem.

Analogamente, há mais de uma interpretação para (1-9):

17

(1-9) O fenômeno dos raios cósmicos já tinha sido registrado várias vezes em 1940.

como mostra a possibilidade de incluir essa sentença em contextos onde se presta a inferências distintas:

(1-10) a. Quando o cientista Hall levou sua descoberta ao congresso de Atlanta em 1943, não era a primeira vez que se falava em radiações nos meios científicos aliados: o fenômeno dos raios cósmicos já tinha sido registrado várias vezes em 1940.

b. Em 1940, o fenômeno dos raios cósmicos já tinha sido registrado várias vezes. O livro de X, publicado em 1930, cita uma centena de trabalhos a respeito, apresentados entre 1870 e 1922.

Nota-se que, na primeira interpretação, **em 1940** identifica o tempo do evento "registra-se o fenômeno dos raios cósmicos", ao passo que se toma como tempo de referência um fato posterior, o "congresso de Atlanta de 1943"; ao contrário, na segunda interpretação, **1940** é o tempo de referência, em relação ao qual o evento "registra-se o fenômeno dos raios cósmicos" é anterior.

A ambigüidade de aplicação do adjunto afeta não somente as orações com verbo no mais-que-perfeito, mas todos os tempos verbais que exprimem diferença entre MR e ME. Confira-se

(1-11) Não adianta você procurar no dia 25, pois

... terei partido na noite anterior.

... nesse dia (já) terei partido.

Adotaremos, em função disso, duas hipóteses de trabalho, que podem ser encaradas como complementares.

(1-12) Qualquer adjunto se aplica indiferentemente ao tempo de evento ou ao tempo de referência, sendo possíveis ambigüidades com aqueles morfemas verbais que supõem uma diferença entre ambos.

(1-13) A ambigüidade da aplicação do adjunto a ME ou MR só afeta aquelas formas em que MR e ME são diferentes.

(1-12) limita-se a constatar um fato; (1-13) envolve, ao contrário, uma decisão que tem conseqüências importantes para a análise. Com efeito, não havendo ambigüidades de aplicação do adjunto em orações com verbo no perfeito e no futuro, somos levados a propor para esses tempos uma caracterização em que MR e ME coincidem, ou seja,

(1-14) Perfeito: MF $\leftarrow$ MR = ME

Futuro: MF $\leftarrow$ MR = ME

Por essa decisão, perdemos, em última análise, a possibilidade de atribuir interpretações temporais diferentes ao perfeito e ao imperfeito.

Quanto àquelas formas em que MR difere de ME, é possível que a posição do adjunto na oração favoreça uma ou outra das interpretações descritas: mais do que a posição, parece ser relevante outro fator - o papel que o adjunto desempenha na oração, tomada como unidade comunicativa.

É sabido que as sentenças das línguas naturais desempenham simultaneamente várias funções: representar nossa experiência do mundo, organizar o intercâmbio e a negociação de papéis e valores entre os interlocutores, e controlar o fluxo de informações. Para este último efeito, a maioria das sentenças se repartem em um segmento "**temático**", que contém as informações previamente conhecidas de ambos os interlocutores, e um segmento "remático", que contém as informações apresentadas como novas (para um tratamento mais aprofundado das sentenças do português como unidades comunicativas, ver Ilari 1992).

No contexto para o qual é apropriado (1-10 b), **em 1940** pertence ao segmento **temático**: a conversa versa sobre o ano de 1940 e é apresentado como informação nova (**rema**) o registro dos raios cósmicos; significativamente, a data identifica o momento de referência. No contexto para o qual é apropriado (1-10 a), o assunto da conversa é o registro pelos cientistas da existência dos raios cósmicos (tema) e a data de sua divulgação no congresso científico é apresentada como a informação nova (rema): o rema coincide com o momento de evento.

A interação entre expressão do tempo e organização comunicativa da sentença é um pouco mais complexa do que se poderia supor a partir desses exemplos, mas eles bastam para apontar um tipo de regularidade só perceptível quando a língua é representada como aquilo que é: uma imbricação de diferentes sistemas.

OS ADJUNTOS QUE LOCALIZAM EVENTOS

Os adjuntos adverbiais que interagem com valores não durativos e não iterativos dos morfemas verbais de tempo servem, em geral, para localizar um evento no tempo. Respondem assim à pergunta "quando?". Interessa examinar esses adjuntos um pouco mais de perto, para conhecer melhor sua estrutura interna, e para qualificar a afirmação do capítulo anterior, segundo a qual eles sempre corresponderiam ao momento de referência ou de evento.

CRITÉRIOS DE CLASSIFICAÇÃO

A localização pode ser mais ou menos exata, numa escala que vai desde a identificação de um momento, como em (2.1), até a inclusão num segmento suporte cujos limites são conhecidos, como em (2.4), passando pela localização relativa e momentos especificados, como em (2.2) ou (2.3).

(2.1) Às 22 horas do dia 6 de abril de 1978 a televisão anunciou mais um pacote fiscal.

(2.2) Antes de domingo vou visitar você.

(2.3) Entre 24 e 31 o Pedro vai passar por aqui.

(2.4) Esta associação começou a funcionar na revolução de 32.

Ao construir e interpretar os adjuntos que localizam eventos, os falantes recorrem, em última instância, aos mesmos mecanismos pelos quais identificam pessoas e objetos. Há sempre necessidade de uma ancoragem no real, que pode ser dada quer pela situação de fala, quer pela escolha de algum ponto de referência ao qual tanto o locutor como o interlocutor têm acesso. Aqui, reencontramos uma célebre distinção de Benveniste (1966), que reconhecia nos adjuntos ancorados na enunciação um caso de dêixis, e nos demais um caso de identificação pelo co-texto, e exemplificava contrastando

hoje	ontem	amanhã	agora	
naquele dia /	na véspera /	no dia seguinte /	então	etc.

Na realidade, entre os adjuntos que se ancoram num "fato conhecido", compensa distinguir aqueles que remetem a um marco disponível independentemente do texto que precede (ou segue), exemplificados por:

(2-5) Um dia depois do meu casamento...

[o ponto de ancoragem é o casamento, referido pela primeira vez na própria oração]

(2-6) Em 19 a.C.

[o ponto de ancoragem é o nascimento de Cristo]

e aqueles que remetem a momentos referidos no próprio texto:

(2-7) Vou conhecer primeiro o Brasil, **depois**, pretendo viajar para o exterior.

["depois": = "depois de conhecer o Brasil", ancoragem num fato que vem indicado numa passagem anterior do texto]

Na apresentação que acaba de ser feita dos três processos, a ancoragem dêitica foi oposta à ancoragem anafórica e à ancoragem "calêndrica" pelo fato de que as duas últimas remetem a uma realidade exterior ao ato de fala, mas ainda assim acessível. Essa é uma perspectiva bastante criticada nos estudos de coesão textual, que preferem opor o uso de calendários aos outros dois tipos de ancoragem. Nesta perspectiva, a ancoragem textual e a ancoragem na situação de fala, descritas respectivamente como **endofórica** e **exofórica**, teriam em comum a propriedade de ser ... **fóricas**, ou seja, de identificar por remissão, numa espécie de "gesto de apontar" (para o texto ou para o mundo).

Uma vez distinguidos com clareza os processos da dêixis e da anáfora, torna-se fácil perceber que uma parte dos adjuntos de tempo podem ser empregados indiferentemente como anafóricos ou dêiticos, ao passo que outros são apenas dêiticos, e outros ainda apenas anafóricos. O quadro a seguir dá uma idéia dessas possibilidades:

(2-8)

	Adjuntos que localizam eventos	
	por dêixis	por anáfora
anterioridade	vinte anos atrás antigamente no meu tempo faz ... que há ... o ano passado ultimamente, recentemente ontem	vinte anos antes no tempo de ... fazia ... que havia ... o ano anterior na véspera
	antes, anteriormente	
simultaneidade	agora, atualmente este ano	então aquela semana
	???	

Adjuntos que localizam eventos (cont.)		
posterioridade	no ... próximo neste ano de ... agora na Semana Santa amanhã amanhã ou depois o ano que vem daqui a ... mais cedo ou mais tarde futuramente	no ... seguinte no ano seguinte daí a sucessivamente
	depois, mais adiante em breve, logo qualquer dia novamente cada vez mais	

O tipo de ancoragem é apenas uma das características que distinguem os adjuntos capazes de localizar eventos. Outra, que está de certo modo representada no quadro acima, é a relação cronológica estabelecida com o momento de fala, que pode ser de simultaneidade, anterioridade ou posterioridade (o adjunto localiza o evento no presente, no passado ou no futuro). Outra ainda é a sua maior ou menor abertura: alguns adjuntos remetem indeterminadamente ao passado ou ao futuro, sem precisar o momento em que o evento se realizou ou deve realizar-se; outros ainda fornecem indicações exatas.

Além disso, os adjuntos que respondem à pergunta "quando?" têm complexidade sintática e semântica variável. Os mecanismos responsáveis por essa complexidade são basicamente os mesmos que permitem construir descrições a partir de descrições em frases nominais, como:

(2-9) a. o Eduardo.
       b. o pai do Eduardo.

c. o irmão do pai do Eduardo.

d. o primo do irmão do pai do Eduardo

e podem, em sua maioria, ser assimilados ao mecanismo lógico da função descritiva. Em (2-9), as funções descritivas "o pai de...", "o irmão de..." e "o primo de..." são empregadas para construir descrições cada vez mais complexas. Combinando indicações de anterioridade, simultaneidade e posterioridade, com medidas de tempo baseadas em alguma métrica convencional, obtemos também funções descritivas que indicam localizações de eventos, como em:

(2-10) Na véspera da véspera do show.

(2-11) Três dias atrás.

(2-12) Alguns minutos antes da chegada do embaixador.

Apesar de sua diversidade, esse tipo de construção tem uma estrutura bastante regular, onde é possível reconhecer a) uma relação de tempo; b) uma medida convencional; c) um argumento, que é o próprio ponto de ancoragem descrito acima. Assim, em (2-12) é possível distinguir:

- unidade padrão: minuto
- relação temporal: anterioridade
- argumento/fato em que se dá a ancoragem: a chegada do embaixador

TEMPOS VERBAIS E ADJUNTOS

A co-ocorrência com adjuntos resulta para certos tempos verbais em alguns valores de outro modo imprevisíveis. Assim, o presente do indicativo assume, quando associado a adjuntos, o valor de presente histórico ou de presente futuro, exemplificados em (2-13) e (2-14).

(2-13) Em 1939, Hitler invade a Áustria.

(2-14) Amanhã eu estudo isso.

Ao deparar com fatos dessa natureza somos aparentemente levados a optar entre duas alternativas de explicação para os valores temporais de cada morfema verbal de tempo:

a) uma primeira alternativa consiste em considerar cada um dos tempos do verbo como expressando um valor básico, sobre o qual os adjuntos operariam para dar origem aos valores que prevalecem no uso concreto de sentenças;

b) uma segunda alternativa consiste em considerar as formas verbais (algumas pelo menos) como intrinsecamente polissêmicas, e em estabelecer em seguida restrições de seleção apropriadas, envolvendo os adjuntos e os vários "sentidos" que compõem a lista de valores do morfema temporal.

A segunda abordagem é problemática, porque, à falta de adjuntos, os tempos verbais não são realmente polissêmicos, havendo interpretações privilegiadas se não obrigatórias. Isso obriga a uma análise conduzida segundo (b) < seria uma análise componencial > a ser acrescida de estratégias que dessem conta do caráter preferencial de determinadas leituras, ou a apelar para uma concepção mais dinâmica do processo de restrição de seleção, adotando por exemplo mecanismos como as "transfer features" de Weinreich 1965.

A primeira abordagem proposta encontra um obstáculo na abstração que seria exigida para se formularem os valores básicos de certos termos. Outro obstáculo é dado pelo fato de que é às vezes o verbo que opera sobre o adjunto, e não vice-versa: assim, na oração (2-15), **agora** indica um momento passado.

(2-15) Agora, o paciente já não sentia dores, só um leve cansaço.

À falta de um exame mais cuidadoso da interação entre adjuntos adverbiais e morfemas verbais de tempo, é difícil avaliar até que ponto a opção por uma das alternativas descritas acima é uma questão de adequação empírica ou de decisão teórica.

Nas próximas passagens deste livro a questão será deixada em aberto: ao invés de falar de "valores básicos" ou de "leituras de cada tempo", falaremos de valores que se aplicam ao morfema verbal em isolamento, e em valores que se aplicam ao morfema verbal associado a advérbios deste ou daquele tipo.

A DERIVAÇÃO CONTEXTUAL DO MR

A interpretação dos tempos verbais em que MR e ME diferem está condicionada à possibilidade de estabelecer o MR mediante recursos lingüísticos ou extra-lingüísticos. Normalmente, não há necessidade de uma identificação exata MR: basta uma relação cronológica a outro evento, relatado no mesmo período gramatical ou em períodos gramaticais contíguos de um mesmo texto. O exemplo (1-2), que foi analisado no capítulo anterior, é um bom exemplo dessa derivação contextual do MR: ele mostra que, em contextos tipicamente narrativos, o MR de cada sentença considerada tem que ser buscado no ME da sentença imediatamente anterior. Haveria assim um procedimento de substituição dos MRs, que é constitutivamente ligado à narração de fatos.

(1-2) O agente subiu até a sala da diretoria. Alguém tinha deixado uma pasta sobre uma das mesas.

É bem assim que se interpreta a narração, no caso: sabemos, pelo emprego do pretérito perfeito, que a subida do agente é anterior ao momento em que a história é narrada; identificando-se o ME de **subiu** ao MR de **tinha deixado**, e sabendo que pela fórmula canônica de Reichenbach o mais-que-perfeito corresponde a um esquema temporal em que ME é anterior a MR, chegamos à conclusão de que ação de espalhar papéis é anterior. É precisamente essa a previsão que esperaríamos de nossas fórmulas.

Dado que	ME (subiu)	=	MR (tinha deixado)
e que	ME (tinha deixado)	→	MR (tinha deixado)

ME (deixar) → ME (subiu)

Graças à possibilidade de utilizar na localização cronológica de eventos informações fornecidas no interior do mesmo texto, a interpretação temporal das sentenças assume um caráter coesivo típico, ao lado de outros fenômenos coesivos mais comumente reconhecidos como tais, como a referência ou a elipse. Por esse mecanismo, informações necessárias à interpretação de uma sentença contextualizada devem ser buscadas nas sentenças anteriores, numa direção que os estudiosos da coesão textual qualificam de anafórica. São possíveis, embora raros, casos de textos em que as informações temporais relevantes devem ser buscadas nas sentenças que seguem (na direção conhecida como "catafórica"). Disso é exemplo a narrativa.

(2-16) Desde que saíra da escola de medicina, X trabalhara em vários hospitais. Tinha aberto, finalmente, seu próprio consultório, e pudera clinicar com lucro.

Admita-se que (2-16) é a frase inicial de um romance, e note-se que seu tempo verbal é o mais-que-perfeito. Os fatos que ele relata são portanto posteriores a algum momento, tomado como referência no passado. Mas que momento é esse? Textos como (2-16) criam no leitor a expectativa de que será narrado logo a seguir algum acontecimento a partir do qual os fatos relatados em (2-16) serão situados retrospectivamente. Uma dessas continuações possíveis é "Certo dia, seu consultório foi visitado por uma misteriosa cliente, vestindo um *blazer* cor de vinho, etc.".

As observações que precedem formulam o princípio que poderíamos chamar de "transmissão do MR", importante para compreender como funcionam os textos do ponto de vista das informações temporais que transmitem. Um outro princípio importante para compreender as informações temporais em um texto é o que reparte os tempos verbais em "tempos dinâmicos" e "tempos estáticos": é sabido que uma seqüência de sentenças no imperfeito do indicativo em uma narrativa é normalmente interpretada como indicando que o MR é o mesmo para todas, o que produz um efeito de descrição; ao contrário, uma seqüência de sentenças no perfeito do indicativo é normalmente interpretada como fazendo referência a fatos sucessivos (o MR da segunda sentença seguinte é posterior ao da anterior). Esta é uma das principais diferenças entre aqueles dois tempos do indicativo, e uma das principais dificuldades do aprendizado do português para falantes de línguas como o inglês, onde não existe uma forma imediatamente correspondente ao imperfeito.

AS PERÍFRASES DE TEMPO

É sabido que alguns morfemas de tempo do Português moderno se originaram de construções perifrásticas do período românico, construções no interior das quais um verbo dotado alhures de sentido autônomo se reduziu a "morfema gramatical" (*dicére habeo > direi*). É muito comum em português moderno – e uma série de trabalhos entre os quais Pontes (1973) e Lobato (1975) têm chamado a atenção para diferentes aspectos do fenômeno – o uso de perífrases verbais constituídas por meio de um **verbo auxiliar** que pode assumir qualquer uma das flexões de tempo, modo e pessoa disponíveis, e uma **base verbal**, geralmente descrita como "verbo de sentido pleno" numa das formas não-conjugadas ou "nominais" (infinitivo, gerúndio, particípio).

(3-1)   a. Devo partir amanhã.

b. Acabo de ler este romance.

c. Estou observando as formigas.

d. Vou atender o telefone daqui a pouco.

e. Tenho que terminar meu relatório.

f. Tenho ouvido falar dele.

Se se lembra que as gramáticas tradicionais tratam como **tempos** à parte as perífrases construídas com **ter** e **haver** (**tinha feito** não é caracterizado como um imperfeito, e sim como um **mais-que-perfeito**), justifica-se perguntar, em geral, quais são os auxiliares que dão origem a tempos do verbo em português.

CRITÉRIOS PARA RECONHECER AUXILIARES DE TEMPO

As razões tradicionalmente alegadas para tratar como "tempos compostos" as perífrases de **ter + particípio passado** são sobretudo três:

1) o fato de que essas perífrases comutam com formas simples do verbo (à substituibilidade sintática acrescente-se, em alguns casos, uma equivalência semântica; assim, é difícil vislumbrar entre o mais-que-perfeito "sintático" **fizera** e o mais-que-perfeito analítico **tinha feito** mais do que uma diferença de conotação ou "registro de linguagem");

2) o fato de que é impossível atribuir-se hoje um mesmo sentido ao verbo **ter** quando usado como verbo principal ou como auxiliar (cp. Eu **tinha visto** muitas fraudes e eu **tinha** um paletó marrom);

3) o fato de que **ter** e a base verbal indicam uma única ação, atribuída a um único sujeito (cp. **Tenho invejado muitos vizinhos** ≠ **tenho muitos vizinhos invejados**).

Esses três critérios servem sobretudo para marcar a distância entre **ter**, verbo auxiliar, e **ter** verbo transitivo cujo uso continua vivo em português moderno. Mas a razão decisiva para falar do verbo **ter** como auxiliar de **tempo**, é que influencia de maneira sistemática a interpretação temporal das sentenças em que ocorre. De fato, a presença desse auxiliar parece acarretar nas sentenças em que ocorre um efeito regular, que aparece, por exemplo, na comparação de **farei** e **terei feito** e que pode ser descrito, provisoriamente, como segue:

(3-2) O fato descrito por uma sentença com o auxiliar **ter** num tempo verbal qualquer aparece como passado em relação ao tempo em que se localizaria, se aquele morfema de tempo fosse aplicado à base verbal.

A satisfação simultânea desses critérios será considerada, nas passagens abaixo, ao discutirmos a procedência de tratar como auxiliares de tempo as construções **estar + gerúndio**, **estar para + infinitivo**; **acabar de + infinitivo**, etc. Na verdade, colocar-nos-emos diante de cada uma dessas construções, duas perguntas, que correspondem aos critérios acima expostos.

1ª) É possível distinguir um **uso verbal plano** e um **uso auxiliar** para o verbo?

2ª) A presença do auxiliar acarreta algum efeito sistemático na interpretação temporal da sentença? Qual?

Obter uma resposta positiva para esta segunda pergunta é extremamente importante, porquanto são relativamente numerosos em Português os auxiliares não-temporais (aspectuais e modais, sobretudo).

ALGUNS AUXILIARES DE TEMPO

acabar de + infinitivo

No caso de **acabar**, não se trata propriamente de opor um uso "pleno" e um uso "auxiliar" do verbo (o que é relativamente fácil em bases sintáticas - cp. "O menino acabou o mingau" e "O menino acabou **de** comer"), mas sim de distinguir dois auxiliares, um dos quais indica conclusão de uma ação, ao passo que o outro indica passado recente.

A distinção desses dois auxiliares, que chamaremos, apenas para fins de exposição, **acabar**$_1$ e **acabar**$_2$, justifica-se com base nos seguintes fatos: acabar$_1$ co-ocorre com o advérbio **completamente**, admite a negação e não co-ocorre em qualquer tempo com base verbal na voz passiva. Com acabar$_2$ (passado recente) dá-se o inverso.

(3-3)   a. *O carteiro acabou$_2$ completamente de passar.

b. O carteiro acabou$_1$ completamente de percorrer o bairro.

c. *O carteiro não acabou$_2$ de passar.

(mas: não é verdade que o carteiro acabou de passar)

d. O carteiro não acabou$_1$ de percorrer o bairro.
e. *A casa acaba$_1$ de ser pintada agora.
f. ?A casa está acabando$_1$ de ser pintada agora.
g. A casa acabou$_2$ de ser pintada há poucos dias.
h. *A casa acabava$_1$ de ser pintada há dois anos.
i. Há dois anos, a casa acabava$_2$ de ser pintada.

Pela comparação dos advérbios que co-ocorrem com **acabar**$_1$ e **acabar**$_2$, não é difícil perceber que somente o segundo tem um papel temporal bem definido.

(3-4) a. O carteiro acaba$_2$ de passar há poucos minutos.
b. *O carteiro está acabando$_1$ de atravessar o jardim há poucos minutos.

Proponho caracterizar esse papel temporal a partir da sugestão seguinte:

(3-5) O MR de uma sentença com **acabar de + infinitivo** tem com MF a mesma relação temporal que caberia entre MF e ME de uma forma verbal simples, no tempo verbal em que está o auxiliar;

- o ME da sentença perifrástica é anterior a MR;
- a relação de MR e ME é de proximidade.

ir + infinitivo

Analogamente a **acabar de + infinitivo**, há suficientes elementos para falar num auxiliar de tempo **ir**. Trata-se, neste caso, de estabelecer uma diferença com o verbo **ir**, construído com um adjunto adverbial de lugar **aonde**, com presença obrigatória, mais um adjunto adverbial facultativamente presente indicando procedência ("Marco Polo foi (de Veneza) até Cantão"). Chamemos **ir**$_1$ ao verbo de sentido pleno e **ir**$_2$ ao auxiliar de tempo que nos interessa caracterizar. A distinção fica

31

justificada pelos seguintes fenômenos sintáticos e semânticos: ir_1 mas não ir_2 co-ocorre com **estar** e **acabar de**$_2$:

(3-6) a. Estou indo$_1$ comprar água.

b. Acabo de ir$_1$ comprar água.

c. Quando ocorreu o acidente com o ônibus, o time estava indo jogar contra o Curitiba.

(3-7) a. *Estou indo$_2$ chegar de carro.

b. *Acabo de ir$_2$ chegar de carro.

É legítimo relacionar frases construídas com **ir**$_1$ a perguntas com **aonde**; o mesmo não ocorre com frases que contêm -**ir**$_2$

(3-8) a. Aonde você vai? - Vou fechar a porta.

b. *Aonde você vai? - Vou chegar de carro.

(naturalmente, pares de frases como "Aonde X vai viajar?" - "X vai viajar para o Peru" não constituem autênticos contra-exemplos). Por fim, **ir**$_1$, mas não **ir**$_2$, está sujeito a condições dêiticas opostas mas correlatas às de **vir**.

(3-9) a. Ele vem aqui, passar fome como todos nós.

b. *Ele vai aqui, passar fome como todos nós.

c. Aqui, ele vai passar fome como todos nós.

d. Ele vem encontrar-nos aqui.

e. Ele vai encontrar-nos aqui.

f. Ele vai encontrar-nos aí.

g. *Ele vem encontrar-nos aí.

O valor do auxiliar de tempo **ir** deixa-se captar pela instrução.

(3-10) Sentenças construídas com o auxiliar **ir** + **infinitivo** têm MR localizado em relação ao MF como os localizaria o ME de uma forma verbal simples, com os mesmos morfemas do auxiliar; o ME da sentença é posterior a MR.

dever, ter que, haver de + infinitivo

Diante de exemplos como (3-11) e (3-12) parece plausível admitir que os verbos **dever, ter que, haver de** compartilham a capacidade de indicar que o ME é posterior ao MR, ou que ME = MR é posterior a MF:

(3-11) Amanhã, o médico deve chegar por volta das 9.

(3-12) Ele devia/tinha que viajar no dia seguinte. (cp. "Ele viajaria no dia seguinte")

Todavia, esses auxiliares associam ao valor temporal diferentes tipos de modalidade (que a tradição gramatical distingue às vezes chamando-lhes "dever", "obrigação" e "determinação"); além disso,

- **haver** e **dever** não assumem todos os morfemas do indicativo; é impossível, por exemplo, construí-los no passado simples:

(3-13) ? Eu houve de aceitar as condições.

? Eu devi aceitar as condições.

Aliás, a aceitabilidade de sentenças correspondentes, com verbo no imperfeito, sugere fortemente que esses auxiliares constroem formas perifrásicas com valores não-momentâneos.

- **ter que** constrói-se em todos os tempos do passado, mas com diferenças de sentido que não são meramente temporais,

(3-14) X tinha que viajar para Óbidos no dia seguinte;

(3-15) X teve que viajar para Óbidos no dia seguinte.

já que de (3-15) se infere que X viajou de fato no dia marcado, o que não ocorre com (3-14). Essa observação tem paralelo em outros auxiliares, como **querer + infinitivo, ser obrigado a + infinitivo,** onde o aspecto modal fica mais claramente marcado; e, em todos esses casos, parece mais correto tentar derivar, sucedaneamente, os valores temporais dos valores modais do que, inversamente, buscar para **dever, ter que** a **haver de** valores basicamente temporais.

INTERAÇÃO DOS AUXILIARES DE TEMPO

As construções perifrásticas foram caracterizadas, em passagens anteriores deste livro, como resultado da aproximação sintagmática de um verbo auxiliar, em uma das tantas formas flexionadas, e de uma forma nominal do verbo "significativo". Todos os exemplos examinados até aqui têm em comum o fato de que o auxiliar opera diretamente sobre uma forma nominal de um verbo "de sentido pleno", mas esta não é a única possibilidade: é possível aplicar auxiliares a formas nominais pertencentes ao paradigma de conjugação de outro auxiliar, aplicado, por sua vez, a uma "base" de sentido pleno.

A interação de auxiliares é um fenômeno mal conhecido que propõe ao lingüista, entre outras, as tarefas de inventariar as possíveis co-ocorrências, justificá-las e explicar como se interpretam.

Uma hipótese razoável nesse domínio é que ficam excluídas as combinações de auxiliares que resultariam em contradições ou em mera redundância: assim, explica-se, por exemplo, a impossibilidade de reiterar o mesmo auxiliar (3-16) e a má-formação de combinações que marcariam de maneira contraditória a relação MR/ME (3-17).

(3-16) a. X tinha tido voltado.

b. X acaba de acabar de dizer.

c. X vai ir dizer.

(3-17) a. O prisioneiro acaba de ir fugir.

b. O prisioneiro vai acabar de fugir.

Essa hipótese não é contudo suficientemente articulada para explicar a aceitabilidade de **ir + ter-do** (3-18) e a equivalência de (3-19) a./b./c.

(3-18) Amanhã ele vai ter voltado.

(3-19) a. Quando te atendeu, o senador acabava de voltar.

b. Quando te atendeu, o senador tinha acabado de voltar.

c. Quanto te atendeu o senador acabava de ter voltado.

No momento, o melhor que podemos fazer é deixar esta questão em aberto.

Quadro provisório de valores momentâneos

Resumindo as observações que procederam, podemos agora propor um quadro provisório de valores temporais. Esse quadro se compõe de três partes, correspondentes a três tipos de contextos oracionais: a) aqueles em que o tempo do verbo é a única especificação temporal; b) aqueles em que ocorrem adjuntos de tempo; c) aqueles em que ocorrem auxiliares.

São estes os valores temporais dos morfemas de tempo:

	MF → MR	MF = MR	MF ← MR
ME → MR			mais-que-perfeito
ME = MR	futuro simples	presente	perfeito
ME ← MR			futuro do pretérito

O recurso aos adjuntos cria, em acréscimo a esse quadro, novas possibilidades de interpretação para os morfemas dos verbos em sentenças com interpretação momentânea:

Valores temporais das sentenças com adjuntos

	MF > MR	MF = MR	MF < MR
ME > MR			
ME – MR	pres. + adj. futuro (amanhã parto)		pres. + adj. passado (em 1914 eclode a 1ª Guerra Mundial) imperf. narrativo
ME < MR	(perfeito)		(imperfeito)

Fica provavelmente limitada a alguns dialetos a interpretabilidade de construções como (3-20), (3-21).

(3-20) Você não pode esperar até amanhã para procurar por ele; se você for procurá-lo amanhã ele já foi embora (foi = terá ido).

(3-21) No dia seguinte, ele entregava a casa (entregava = entregaria) e não podia oferecer hospitalidade a ninguém.

O recurso a auxiliares acrescenta novas possibilidades expressivas, além das que se registram nos dois quadros acima:

Valores das perífrases de tempo

	MF > MR	MF = MR	MR > MF
ME > MR	pres.+ir-ter fut.+ter (amanhã as frutas terão/vão ter apodrecido)	pres.+acabar de pres.+ter (acabo de dizer, tenho dito)	imperf.+ter imperf.+acabar de (tinha sabido acabava de saber)
ME = MR			
ME < MR		pres.+ir fut.+ir (vou/irei conhecer o resultado amanhã)	imperf.+ir fut. do pretérito +ir (ia/iria saber o resultado no dia seguinte)

Esse quadro exige algumas observações:

a) o uso de perífrases do tipo **(presente+ter) + (particípio passado)** para localizar eventos segundo a fórmula ME > MR = MF é extremamente raro, e se limita provavelmente hoje em dia à expressão **tenho dito**, que tem caráter de clichê. Ao contrário, a mesma perífrase será extremamente freqüente, com valor durativo e reiterativo;

b) a ausência de qualquer registro na posição correspondente à fórmula MF > MR > ME dá conta da inexistência de um mecanismo *standard* para expressar futuridade em relação a um momento de referência por sua vez futuro. Possivelmente, esse sentido só se exprime em português pelo uso combinado dos auxiliares e de advérbios como **ainda**, cuja função parece ser precisamente a de indicar que o adjunto de tempo identifica MR;

(3-24) No ano 2000, ele ainda **irá** pagar a dívida.

c) a presença das formas **futuro+ir** e **futuro do pretérito+ir** nas posições MR < MR/MF = MR e MR < MF/ME < MR, respectivamente, pode surpreender pelo fato de que não se trata de formas consagradas pelas gramáticas. Na realidade, trata-se de construções extremamente freqüentes, como mostra o A. Audubert sobre a linguagem dos jornais. A posição dessas formas é, aliás, excepcional quando encarada na perspectiva de nossa hipótese sobre duplicação de auxiliares;

d) a interpretação de **vão ter apodrecido**, equivalente à de **terão apodrecido**, sugere que o cálculo da interpretação das perífrases de tempo obedece a uma ordem determinada: calcula-se primeiramente o efeito da aplicação de **presente+ir + infinitivo** ao verbo **ter**, e em seguida da aplicação de **vai ter + particípio passado** à base verbal de **apodrecer**:

VT [Vai]   :   MF = MR = ME valor do presente
VT [Vai ter]   :   MF = MR > ME (por (3-10)
VT [Vai ter apodrecido] :   MF > MR < ME (por (3-5)

Uma tentativa de efetuar o cálculo na ordem inversa, isto é, achar primeiro o valor de **ter apodrecido** para obter em seguida o de **vai ter partido**, seria impraticável. Nessas observações reside talvez a explicação para o fato de que certas ocorrências de auxiliares ficam excluídas.

A EXPRESSÃO DA DURAÇÃO

No paradigma dos morfemas verbais de tempo há oposições que não ficam completamente esclarecidas quando são simplesmente referidas as relações cronológicas entre os três momentos distinguidos por Reichenbach. O caso mais típico é talvez a oposição entre o pretérito perfeito e o pretérito imperfeito. Para explicar essa oposição, também para esclarecer o papel de certos auxiliares (como o que forma a conjugação progressiva), é indispensável que, sem perder de vista a localização de processos no tempo, voltemo-nos para a expressão da duração.

A "DURAÇÃO INTERNA"

Há, em português, várias maneiras de expressar a duração interna, e a escolha é condicionada por uma característica do processo à qual tem sido aplicado, às vezes, o termo alemão **Aktionsart**, com o qual se pretende indicar seu "esquema temporal subjacente".

Todo verbo – mais precisamente todo predicado – comporta um "esquema temporal subjacente". Uma constatação fácil de fazer quando se lembra que alguns processos, como **correr** e **reinar**, duram indefinidamente (não têm um limite imposto pela natureza da ação), ao passo que **correr os quatrocentos metros rasos** e ler *Guerra e Paz* têm um limite intrínseco, e por isso mesmo só duram até seu complemento natural.

Classificar os "esquemas temporais subjacentes" aos predicados das línguas foi em todos os tempos um desafio para os filósofos, e é de uma tradição filosófica que remonta a Aristóteles que deriva a mais célebre dessas classificações, a de Vendler (1967).

Segundo Vendler, que aplicou sua análise aos verbos do inglês, é possível chegar a quatro grandes classes de verbos distinguindo em primeiro lugar os que se conjugam na forma progressiva dos que não admitem essa conjugação, e observando em seguida que forma assume a pergunta sobre duração – que em certos casos é "por quanto tempo?" e em outros "em quanto tempo?". Os critérios de Vendler não servem tais e quais para o português, mas faz sentido aceitar para nossa língua uma classificação bastante parecida, distinguindo:

- processos pontuais;

- processos duráveis, que evocam a idéia de "tempo gasto", "tempo empregado";

- processos duráveis que evocam a idéia de "tempo escoado" e, entre estes últimos, os que indicam estados (como "ser brasileiro") e os que indicam atividade (como "correr", "ler").

Examinemos mais de perto cada uma dessas classes.

Processos pontuais

Todo processo tem alguma duração interna, mas a língua caracteriza alguns como pontuais. Os processos que a língua caracteriza como pontuais não são necessariamente breves como o disparar de um alarme ou o acender de uma lâmpada incandescente, mas processos que, segundo a lição de Vendler, reagem de certa maneira quando submetidos a certos testes sintático-semânticos: aqui, chamaremos de pontuais aos processos que, ao serem expressos no perfeito do indicativo e ao receberem a aplicação de adjuntos como "naquele exato instante...", continuam sendo considerados em seu todo. Por esse critério, somente os primeiros sete processos da lista abaixo são seguramente pontuais; entre os demais há casos de não-pontuais, casos de dupla análise e casos em que provavelmente o critério não se aplica.

(4-1) a luz apagou-se

Pedro notou que havia mais uma pessoa na sala

assinou a carta

alcançou o topo do pau-de-sebo

matou a charada

empurrou João

deu um empurrão no carro

empurrou o carro

acreditou em minhas palavras

correu

amou Maria

Pedro traçou o círculo

escreveu a carta etc.

O leitor terá notado que às vezes a aplicação do adjunto "naquele exato instante" resulta numa interpretação "ingressiva" ("correu" = "começou a correr"). Trata-se de um procedimento bastante comum, se não regular. Terá notado também que o mesmo processo pode ser conceitualizado de duas maneiras (como no caso de "correr"). Isso não invalida o teste e a classificação proposta.

A principal característica dos predicados pontuais é sua incapacidade de se combinarem com adjuntos de duração ou, mais exatamente, o fato de que os adjuntos de duração, quando combinados com predicados que referem um processo pontual, não indicam a duração interna do processo, e sim o período no interior do qual o processo se reitera ou o período além ou aquém do qual o processo ocorre. Assim, das expressões grifadas em (4-2/6),

(4-2) Se o senhor precisar do apartamento é só avisar: saio **em 4 dias**.

(4-3) A corda do poço arrebentou **há muitos anos**.

(4-4) A bomba do poço quebrou **por alguns meses**.

(4-5) Saíam **cinco minutos**, enquanto eu limpo a sala.

(4-6) O alarme do carro disparou **a semana toda**.

o adjunto **em 4 dias** é melhor interpretado como indicando o prazo que o próprio ocupante do apartamento marca para sua saída: é um "prazo aquém do qual", um "vencimento", haja vista que, se o falante sair no segundo dia e não no quarto, não se dirá que ele deixou de cumprir sua promessa; **há muitos anos** indica o tempo que escoou depois que a corda arrebentou; os minutos e os meses de (4-4) e (4-5) indicam por quanto tempo dura não a quebra e a saída, mas o estado resultante, ou seja, por quanto tempo a bomba fica quebrada e por quanto tempo os interlocutores ficam fora da sala depois de sair; e em (4-6) fala-se de um alarme que tocou intermitentemente durante os últimos sete dias.

Processos duráveis que evocam a idéia de tempo empregado

Os adjuntos que evocam a idéia de tempo empregado respondem tipicamente à pergunta "em quanto tempo?" ou "quanto tempo... levou para...?". Mas é preciso que a pergunta seja aplicada de maneira criteriosa, porquanto em

(4-7) X levou onze minutos para achar a chave,

os onze minutos são de procura, ao passo que o encontro da chave é instantâneo. Também parece claro que em sentenças como:

(4-8) Em 30 anos de carreira universitária ele só escreveu um artigo de oito páginas.

(4-9) Em 30 anos de carreira dramática ele só tropeçou uma vez ao subir no palco.

a redação do artigo e o tropeço não duram 30 anos.

Os exemplos de processos deste segundo tipo são como:

(4-10) fiz os trabalhos de quatro matérias em uma semana.

(4-11) hoje em dia, em poucos minutos, qualquer executivo fala (= consegue falar) pessoalmente em qualquer canto do mundo.

(4-12) em dois anos de trabalho não dá para juntar muito dinheiro, etc.

Processos duráveis que evocam a idéia de tempo escoado

Também a pergunta "por quanto tempo?", que permite reconhecer os predicados cujo esquema temporal subjacente envolve escoamento do tempo precisa ser aplicada com cuidado, porque em certos casos indaga não sobre a duração do processo em si, mas sobre a duração do estado resultante. Compare:

(4-13) Saiam **um minuto** da sala.

Os exemplos típicos desta classe são como "dormir", "ser rei", "colecionar selos" e remetem geralmente a processos "homogêneos". Homogêneos quer dizer, por exemplo, que quem dormiu por quatro horas, estava dormindo a cada momento durante essas quatro horas; essa característica marca os processos que indicam "tempo escoado" em contraste com os que indicam "tempo empregado": do fato de que alguém fez os trabalhos de quatro matérias em uma semana não seria possível concluir que fez os trabalhos de quatro matérias a cada momento da semana em questão.

Na classe dos predicados de tempo escoado, a distinção entre estados e atividades revelar-se-á importante para organizar a interação entre verbos e adjuntos. Ela pode ser testada aplicando-se ao predicado advérbios como "deliberadamente", ou "cuidadosamente", já que somente as atividades são normalmente intencionais:

(4-14) X andou de barco pela baía por várias horas.

(cabe acrescentar **deliberadamente**: o predicado é de atividade)

(4-15) X conhece o código do cofre do banco.

(não cabe acrescentar **deliberadamente**: o predicado é de estado)

As observações que precedem poderiam sugerir que a capacidade de indicar evento ou estado de coisas pertença intrinsecamente aos verbos (ou a construções predicativas) como propriedade lexical, independente do contexto sintático em que tais verbos são utilizados; essa conclusão seria incorreta. Veremos adiante como verbos indicando eventos pontuais podem ser utilizados para caracterizar um estado de coisas e vice-versa, sendo relevante para tanto o uso dos morfemas verbais de tempo e dos auxiliares.

REFLEXOS ESTRUTURAIS DOS ESQUEMAS ESTRUTURAIS SUBJACENTES

À diferença do que parece ocorrer em outras línguas (em algumas línguas eslavas como Russo e Búlgaro), o Português não dispõe de uma conjugação própria para indicar que o processo é durativo. Dispõe, sim, de adjuntos que qualificam a duração do processo, e de auxiliares que veiculam (possivelmente entre outras) a idéia de duração. Entretanto, a oposição entre predicados durativos e não-durativos se reflete fortemente na estrutura das sentenças, pois afeta a possibilidade de combinar os morfemas verbais, os auxiliares e os adjuntos.

Os morfemas de tempo e a duração

As sentenças que indicam duração de um estado de coisas sem situá-lo no tempo, como

(4-16) Permanecer num submarino **por três meses** é perigoso para a saúde,

são praticamente excepcionais em português: um elemento de datação costuma, ao contrário, aparecer nas sentenças com predicados durativos, introduzido por adjuntos ou pelos morfemas verbais, e para estes a distinção dos três momentos estruturalmente relevantes distinguidos por

43

Reichenbach continua válida. Compreende-se pois que em (4-18) o fato de "morar no bairro" seja expresso no mais-que-perfeito, já que subsiste num período (correspondente à infância de José) anterior em relação a MR (= a época em que é formulado o convite para a pesquisa), que é por sua vez anterior a MF:

(4-18) Quando foi convidado para colaborar na pesquisa, José já conhecia o bairro pois tinha morado lá durante a infância.

No que diz respeito ao uso de morfemas verbais com predicados durativos, o que mais chama a atenção é o contraste entre o imperfeito e o perfeito. Ao passo que a aplicação do imperfeito a predicados pontuais resulta em sentenças pouco aceitáveis como

(4-19) O concurso nº 1.312 da loteria federal realizava-se no dia das mães de 1990 e o primeiro prêmio era ganho por um contínuo do Ministério das Minas e Energia.

Tanto o imperfeito quanto o perfeito se aplicam a predicados durativos, mas com uma diferença de interpretação que tem intrigado os gramáticos e lingüistas. A explicação dessa diferença de interpretação, exemplificada por

(4-20) Em 1962, Zequinha jogava para o Palmeiras.

(4-21) Em 1962, Zequinha jogou para o Palmeiras.

reside aparentemente no modo de relacionar a informação prestada pelos adjuntos à informação dada pelos morfemas verbais: usando o imperfeito, sugere-se que o estado de coisas descrito pelo predicado tem limites abertos, podendo prolongar-se além do período de tempo visado através do adjunto; usando o perfeito sugere-se o contrário. Assim, aos dois tempos verbais estariam associados esquemas como

(4-22) imperfeito

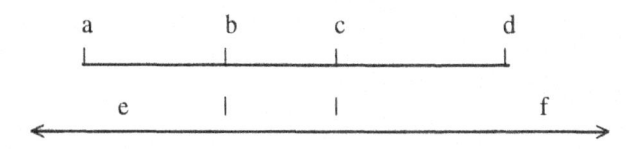

```
        a        b        c              d
        |_____|_____|_____|
            e    |        |         f
        <───────────────────────────────>
```

Onde: a-d é o ano de 1962.

b-c é o segmento visado pelo adjunto "em 1962" (que pode ser um período mais curto do que o ano de 1962, no limite um momento).

e, f são o momento inicial e final do contrato de Zequinha, aquém e além dos limites visados pelo adjunto, e transbordando possivelmente a-d.

(4-23) perfeito

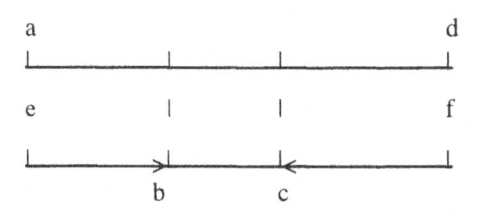

```
        a                              d
        |_____|
            e    |        |        f
        |_____>|_____|<_____|
                 b        c
```

Onde: a-d é o ano de 1962.

b-c é o segmento visado pelo predicado, indicando uma situação localizada nos limites de 1962.

Essa descrição dos dois principais tempos do passado captura a diferença que se percebe entre

(4-24) Em 1850 o Brasil era uma monarquia.

(4-25) Em 1850 o Brasil foi uma monarquia.

45

Com a primeira, declaramos que o regime do Brasil foi monárquico em **todos** os momentos de 1850, e admitimos implicitamente que o regime monárquico possa ter iniciado antes e terminado depois de 1850. Na segunda, dá-se a informação (contrária à verdade histórica) de que o Brasil adotou e abandonou o regime monárquico nos limites daquele ano civil.

Aqui, vale notar que, em sua forma e interpretação, (4-22) se assemelha fortemente a

(4-26) Em 1892 foi proclamada a República.

que exprime evento pontual e não vai para o imperfeito (a não ser num registro de fala extremamente rebuscado, que possivelmente só existe nos livros de história). Isto sugere por sua vez que o perfeito trata os processos duráveis como pontuais. Haveria assim uma espécie de polarização: do perfeito no sentido da **pontualização**, e do imperfeito no sentido de realçar os valores propriamente durativos.

Essa observação é reforçada por outra: dadas duas orações passadas que se queira ligar pelo conectivo **quando**, é possível construir como subordinada qualquer das duas, mas a oração cujo verbo seja de estado assume, em qualquer caso, a forma do imperfeito

(4-27) Quando eu torcia pelo Corintians, fui agredido por um pontepretano.

(4-28) Quando eu fui agredido por um pontepretano, torcia para o Corintians.

A DURAÇÃO EXPRESSA POR ADJUNTOS

Para medir a duração, o Português recorre a várias estratégias, sendo as mais comuns:

a) medir a duração em unidades-padrão de um tipo convencional (4-29);

b) indicar os limites do processo, referindo-os às datas de um calendário, a fatos conhecidos pelo texto ou pelo conhecimento de mundo que os interlocutores compartilham (4-30);

c) colocar o processo em paralelo com outros, de duração conhecida (4-31).

(4-29) Ficou três meses no submarino.

(4-30) O japonês ficou guardando o atol desde 1945 até 1982, e foi recebido em sua pátria como um herói ao ser encontrado.

(4-31) Meu avô ficou bêbado durante toda a segunda guerra mundial.

Não é possível fornecer aqui informações detalhadas sobre cada uma dessas estratégias e sobre as construções sintáticas correspondentes, mas uma pequena amostra de fatos pode sugerir o quanto de descrição gramatical seria necessário para ter sobre eles um domínio exaustivo. Valham a esse respeito as observações que seguem.

No primeiro tipo se enquadram tanto as construções que respondem à pergunta "por quanto tempo...?" ("Por quanto tempo morou em Paris?" Morou três anos), como as construções que respondem às perguntas "em quanto tempo...?", "Quanto tempo levou para...?" (Quanto tempo levou para ele obter o passaporte? Levou três semanas, sem pistolão). Do ponto de vista estritamente temporal, as duas perguntas se equivalem, já que visam a apurar uma duração, mas, como já vimos, elas se aplicam a tipos distintos de predicados, que chamamos de predicados de tempo escoado e predicados de tempo empregado; a possibilidade de aplicar uma ou outra dessas perguntas, é, aliás, o critério que utilizamos para classificar processos.

Na estratégia (b), o falante tem em princípio a escolha de preencher os dois limites, como (4-32) ou apenas um deles, que funcionará como termo *ad quem* (4-33) ou como termo *a quo* (4-34).

(4-32) O estado de guerra existiu formalmente de 1914 a 1918.

(4-33) O estado de guerra existiu formalmente até 1918.

(4-34) O estado de guerra existiu formalmente desde 1914.

Todas essas opções estão minuciosamente gramaticalizadas, como se pode ver pela tentativa de substituir **desde** por **de** em (4-34).

A estratégia (b) mostra que o aparato sintático de que a língua lança mão para indicar duração incorpora, até certo ponto, os recursos

47

por nós descritos no capítulo anterior para localizar eventos no tempo. Um bom exemplo dessa incorporação de recursos é o "adjunto" **há cinco anos**: por um lado, ela pode aplicar-se a eventos pontuais, que ficam assim localizados no tempo; por outro lado, quando aplicada a processos de tempo escoado, ela mede uma duração ("cinco anos") que tem como limite final o momento de fala. **Há cinco anos** contrasta paradigmaticamente como **havia cinco anos** que também marca a duração de um processo anterior a um termo *a quo*: neste último caso, o termo *a quo* é um momento de referência recuperável no contexto.

É sabido que o uso de cada uma dessas estratégias em conexão com os adjuntos obedece a restrições e condições de um tipo particular. Por exemplo, o uso do imperfeito com predicados de atividade e adjuntos que medem a duração de maneira exata resulta em sentença agramaticais, como

(4-34) *Meu avô morava na Holanda de 1933 a 1936.

*Ele trabalhava na Cervejaria Heineken por três anos.

A análise desses fenômenos obrigar-nos-ia a uma discussão demasiado detalhada para os objetivos deste livro. Fica apontada a questão para deleite do leitor.

EXISTEM AUXILIARES DE DURAÇÃO?

O auxiliar **estar** intervém numa série relativamente numerosa de perífrases, distintas pelas formas que assume a base verbal, que são as do particípio passado, gerúndio, ou de **para** + infinitivo, com a alternativa suplementar nesses dois últimos casos de utilizar a voz ativa ou passiva.

(4-35) Esta firma

está	falindo
estava	sendo fechada pelo governo
estará	para falir
estivera	para ser fechada
esteve	falida
etc.	

Quando se comparam essas formas, notam-se semelhanças e diferenças. As diferenças mais sensíveis dizem respeito à maneira como cada uma das construções auxiliares assim formada afeta as relações temporais entre MR, MF e ME: é evidente, com efeito, que o evento "fechar" é deslocado para o futuro em "a firma está para fechar", e para o passado em "está fechada".

Mas, na discussão sobre possíveis auxiliares que introduzem a idéia de duração, cabe comparar aquelas formas não para realçar suas diferenças mas para encontrar seu "denominador comum". Esse "denominador comum" consiste no fato de que, em todas essas construções com **estar**, independentemente do verbo que tomam por base (escolhemos de propósito **fechar** e **falir**, que exprimem eventos momentâneos), constituem predicados de estado.

A melhor prova de que as perífrases com **estar** apresentam como tendo uma dimensão temporal interna ações que seriam de outro modo concebidas como indivisíveis é sua capacidade de aceitarem adjuntos de duração.

(4-36) O jornal está para fechar/sendo fechado/fechado há vários meses.

(4-37) O financiamento do BNH está sendo aberto há vários anos, mas nunca abre de fato.

(4-38) A via Norte-Sul está interditada há cinco anos para obras na altura da Avenida dos Alecrins.

Vimos numa passagem anterior deste livro que, ao relacionar orações pela conjunção **quando**, é sempre o verbo de processo durativo que vai para o imperfeito, ao passo que o verbo pontual vai para o perfeito:

(4-39) Quando o jornal estava para fechar, ele tirou férias com a família.

Ver-se-á, num próximo capítulo, que os verbos pontuais, quando associados a um adjunto que indica duração, resultam numa interpretação reiterativa. Sob esse aspecto, compensa opor as perífrases com **estar** às perífrases com **ser**: as primeiras não sugerem uma interpretação reiterativa, o que confirma seu caráter não-pontual, numa confirmação indireta de seu valor durativo:

49

(4-40) Enquanto o jornal esteve ameaçado de invasão (isto é, enquanto perdurou a ameaça, possivelmente única, de fechamento) o diretor ficou foragido.

(4-41) Enquanto o jornal foi ameaçado de invasão (isto é: enquanto se repetiram as ameaças de invasão) o diretor ficou foragido.

Ao caracterizar as perífrases com **estar** como formadoras de predicados durativos, não pretendo ter esgotado os problemas de sua descrição. Na realidade, cada uma delas veicula, além das informações aqui descritas, muitas outras que seria preciso caracterizar. Num dos capítulos finais deste livro, trato mais detalhadamente de uma delas, a que constrói formas progressivas. Ver-se-á então que essa perífrase mobiliza um aparato de interpretação extremamente complicado, em que se incluem, além dos ingredientes temporais e aspectuais, ingredientes modais e todo um conjunto de implícitos calculados a partir de indícios de relevância.

A EXPRESSÃO DA REITERAÇÃO

Apesar de uma forte aparência superficial, as sentenças

(5-1) Crises sucessivas têm deixado esta firma à beira da falência.

(5-2) Crises sucessivas deixaram esta firma à beira da falência.

diferem na interpretação pelo fato de que em (5-1) a firma em questão corre várias vezes o risco de falência, ao passo que em (5-2) o perigo de falência se manifesta uma só vez, como conseqüência de uma escalada e de um efeito de totalização que inexistem em (5-1).

A oposição entre essas duas interpretações não pode ser explicada pelas características **lexicais** do verbo ou de qualquer outra expressão, que são exatamente as mesmas; deve portanto resultar do contexto sintático. Se esta explicação for correta, somos forçados a concluir que a escolha da estrutura sintática de uma sentença pode criar para a mesma uma interpretação reiterativa. Em que condições isso ocorre?

Novamente somos defrontados com uma situação em que a interpretação final resulta da ação combinada de vários fatores, que são, em última análise, os mesmos já estudados a propósito da duração: a **Aktionsart** do verbo, os morfemas temporais que a ele se aplicam, a presença de adjuntos de um tipo específico e, possivelmente, a ocorrência de certos auxiliares.

Como veremos no final deste capítulo, além desses fatores, a interpretação reiterativa mobiliza um outro: a quantificação dos nomes que desempenham papéis essenciais na sentença.

Tratando-se de uma "ação combinada de fatores", tentarei, num primeiro momento, caracterizar globalmente o que chamo de reiteração, descrevendo duas estratégias mais freqüentemente utilizadas para expressá-la. Em seguida, será discutido em que medida a interpretação reiterativa de uma sentença é afetada pela presença de morfemas de tempo, adjuntos e auxiliares. Mais do que nunca, os vários fatores serão analisados em sua interação. Adotaremos o mesmo roteiro e a subdivisão didática que o leitor já encontrou em capítulos anteriores.

DUAS ESTRATÉGIAS PARA A EXPRESSÃO DA REITERAÇÃO

As duas principais estratégias de indicação da reiteração apresentam diferenças superficiais que se anulam num nível de abstração maior. Sua comparação e sua assimilação num esquema único são particularmente instrutivas.

A primeira estratégia é exemplificada por sentenças como

(5-3) O mesmo médico tem examinado esta paciente duas vezes por mês nos últimos cinco anos.

(5-4) O mesmo médico vinha examinando a paciente três vezes por ano, desde os primeiros sintomas de hipertensão. Infelizmente, na última semana foi necessária uma internação de urgência.

(5-5) A semana passada, ele veio diariamente às sete horas, até ser atendido.

Nota-se que nessas sentenças um período maior ("os últimos cinco anos", o período que começa com os primeiros sintomas de doença e alcança a primeira internação urgente) é dividido em períodos menores (de um mês, de um ano) no interior dos quais um evento se reitera (duas vezes, três vezes). Podemos assim observar que, ao ser adotada essa primeira estratégia, as sentenças de reiteração em sua forma mais completa fornecem resposta às seguintes perguntas:

a) Quantas vezes ocorre o fato/o estado de coisas em cada período parcial?

b) Qual a duração de cada período parcial?

c) Qual a duração acumulada?

d) Como se localiza o período global de reiteração?

Em relação à estratégia que adotam, (5-3) e (5-4) são totalmente explícitas e são nesse sentido excepcionais, há versões menos explícitas, como

(5-6) O mesmo médico tem examinado a paciente **duas vezes por mês** (omitido: "nos últimos cinco anos").

(5-7) O mesmo médico tem examinado a paciente nos últimos cinco anos (omitido: "duas vezes por mês").

(5-8) O mesmo médico tem examinado a paciente.

Nessas versões mais "vagas", as indicações faltantes são preenchidas por mecanismos semântico-pragmáticos de emergência: na falta de indicações relevantes para a pergunta a), supre-se automaticamente a informação "pelo menos uma vez"; na ausência de indicações relevantes para a pergunta b), supre-se automaticamente uma informação de tipo "por algum tempo", etc. Isto quer dizer que a estratégia não se descaracteriza nem perde sua eficácia quando a alguns de seus fatores deixam de corresponder termos de estrutura sintática, ao contrário.

Na segunda estratégia, exemplificada por (5-9/13) constrói-se a possibilidade de expressar reiteração de estados ou eventos com o apoio de ciclos cronológicos independentes – naturais ou culturais.

(5-9) O fiscal tem vindo todo dia 10.

(5-10) A festa é celebrada todo dia 20/2 (há três séculos), há mais de três séculos.

(5-11) Pedrinho tem-nos acompanhado em nossas viagens (todas as férias).

(5-12) Durante a infância, Pedrinho acompanhava-nos em nossas viagens (uma vez sim, outra não, nas férias).

53

(5-13) A partir de 25/9, a feira-livre da Vila Nova vai funcionar (todo sábado das 6 às 12 horas) numa travessa da rua Clóvis Bevilácqua.

Observando essas sentenças, vê-se que a segunda estratégia mobiliza:

a) uma série que fornece uma métrica – por exemplo, o calendário;

b) uma figura que recorre na série e define assim uma freqüência básica – por exemplo o "dia 10";

c) um intervalo, definido sobre a reiteração das figuras – por exemplo "todo dia dez" x "no dia dez, mês sim, mês não;

d) a duração global do período em que o evento ou estado de coisas se repete – os últimos três séculos em (5-10), a infância de Pedrinho em (5-11/12).

c) a localização dessa duração global com respeito ao momento de fala – que é passado, em todas as sentenças-exemplo exceto em (5-13).

Novamente, é o caso de registrar a possibilidade de omissões, que não prejudicam a boa formação sintática das sentenças e não descaracterizam o uso da estratégia como um todo.

Se compararmos as duas estratégias, verificamos que há vários pontos em comum: na verdade, encontramos sempre um período mais ou menos longo que é subdividido em períodos menores, sendo que em cada um desses períodos ocorrem uma ou mais vezes eventos de um mesmo tipo. É o mesmo que dizer que a reiteração implica numa duração que lhe serve de tempo suporte; e essa duração é por sua vez localizada no tempo, por referência ao momento de fala ou a um momento de evento contextualmente recuperável.

MORFEMAS TEMPORAIS

Nenhuma das desinências temporais do verbo basta por si para forçar uma interpretação reiterativa do predicado, excluindo interpretações pontuais ou meramente durativas. Em compreensão, a interpretação reiterativa é bastante espontânea com tempos como o presente e o imperfeito, e torna-se obrigatória com vários tipos de adjunto:

(5-14) O Zé **dorme** no quartinho dos fundos (pontual ou reiterativo).

(5-15) Esta noite o Zé **dorme** no quartinho dos fundos (pontual).

(5-16) O Zé sempre/só/geralmente... **dorme** no quartinho dos fundos (reiterativo).

(5-17) O Zé **dorme** no quartinho dos fundos desde que caiu do beliche (reiterativo).

etc.

Vimos que toda reiteração está associada, estruturalmente, a uma duração que lhe serve de suporte, eventualmente expressa por adjuntos de duração típicos. Releva ter em mente essa condição, quando se procura entender o papel propriamente temporal dos morfemas do verbo nas sentenças de reiteração, pois dessa forma as sentenças de reiteração passam a ser representadas como um caso entre outros de sentenças durativas, e temos a possibilidade de transferir em bloco para as primeiras os valores temporais que propusemos para as segundas.

Em outras palavras: aos morfemas de tempo, que ocorrem sem sentenças de reiteração, podemos atribuir os mesmos valores temporais que se aplicam às sentenças durativas, a saber:

(5-18) Valores dos morfemas temporais em sentenças de reiteração

	ST ← RT	ST = RT	ST → RT
RT ← ET	Perfeito		Mais-que-perfeito
RT = ET	Imperfeito (Presente)	Presente	Futuro (Presente)
RT → ET	Futuro do pretérito		

A esses valores será preciso acrescentar os das formas perifrásicas descritas adiante.

Em (5-17), certas formas verbais aparecem como sinônimos **sob o ponto de vista dos seus valores temporais**: é o caso, por exemplo, do presente em relação ao futuro, em sentenças como:

(5-19) a) a partir do mês que vem a feira-livre da Vila Nova é numa travessa da Rua Clóvis Bevilacqua, toda quinta-feira;

b) a partir do mês que vem a feira-livre da Vila Nova vai ser numa travessa da Rua Clóvis Bevilacqua, toda quinta feira.

Sabendo que as línguas naturais evitam lançar mão de formas diferentes para um mesmo conteúdo (daí a inexistência de sinonímias perfeitas), cabe perguntar se a equivalência entre as duas sentenças de (5-19) é absoluta. Provavelmente, a versão (a) marca uma tendência que se observa também com predicados pontuais a usar o presente pelo futuro toda vez que a idéia de futuridade está de qualquer maneira presente nos adjuntos.

Essa explicação não vale, entretanto para o par

(5-20) a) A festa é realizada todo ano do dia 2 de fevereiro há 5 séculos.

b) A festa tem sido realizada todo ano no dia 2 de fevereiro há 5 séculos.

onde a versão a) registra uma regularidade ou "lei" não desmentida por um número pequeno de exceções, ao passo que a versão b) relata apenas uma regularidade constatada. Ao lançar mão, opondo-os, dos conceitos de "lei" e "regularidade constatada" deslocamo-nos do terreno propriamente temporal para o terreno modal, em que se avaliam as evidências de que o locutor dispõe para suas afirmações. O uso de conceitos como "lei" e "regularidade constatada" seria, de qualquer maneira, necessário para explicar outros aspectos da interpretação de sentenças reiterativas (por exemplo, a oposição entre "Vinha visitar-nos toda quinta feira" e "Veio visitar-nos toda quinta-feira").

Nota-se que, ao atribuir aos morfemas de tempo os valores especificados em (5-18), estamos de fato utilizando a metalinguagem de Reichenbach num sentido diferente do original: aparentemente a metalinguagem de Reichenbach mantém sua clareza enquanto aplicada a **momentos**. Nós a aplicamos aqui a **períodos**; ela continua certamente útil, mas apenas para uma sistematização aproximativa e como recurso de descoberta (com valor "heurístico, como diriam os filósofos que estudam os procedimentos da investigação científica").

ADJUNTOS QUE INDICAM REITERAÇÃO: SUA ESTRUTURA E SUAS POSSIBILIDADES DE CO-OCORRÊNCIA COM OS MORFEMAS DE TEMPO

Na discussão que vai seguir, utilizo com alguma freqüência a noção de **vez** que se refere à repetição de situações de um mesmo tipo e é portanto apropriada para tratar de reiteração. Na linguagem corrente, a palavra **vez** tem também um outro sentido que não nos interessa aqui, o de "ocasião, oportunidade, ensejo" que recorre em frases como "a compra de um carro novo fica para outra vez".

Pode-se perguntar quantas vezes uma ação se repete, e assim distinguir sentenças cujo predicado deve ser tomado em sentido "semelfactivo"(lat. *semel* = uma só vez) e sentenças cujo predicado expressa autenticamente a repetição. Na realidade, os meios que a língua coloca à disposição dos falantes para tratar de repetição são bastante articulados: a pluralidade pode ser caracterizada em termos numéricos ("três vezes") ou em termos indefinidos ("muitas vezes"); neste último caso os eventos plurais podem ser apresentados como mais ou menos numerosos ("muitas vezes", "poucas vezes"). Pode-se indicar o tipo de distribuição (regular, aleatória) dos eventos ao longo do tempo-suporte; a repetição pode ser ou não medida em períodos ("periodicamente"), pode ser ou não confrontada com uma métrica independentemente estabelecida ("diariamente", "mensalmente", "a cada reunião da Diretoria"), etc.

Chega-se assim a um quadro bastante articulado das possíveis respostas à pergunta "Quantas vezes?"

(5-21)

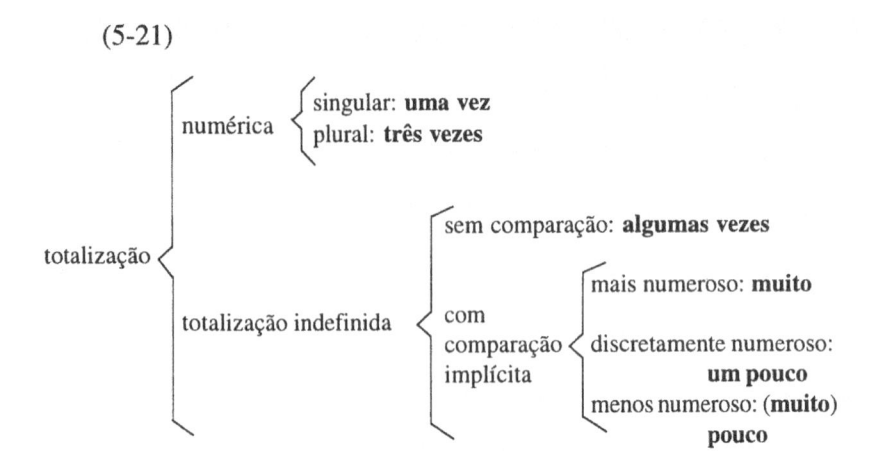

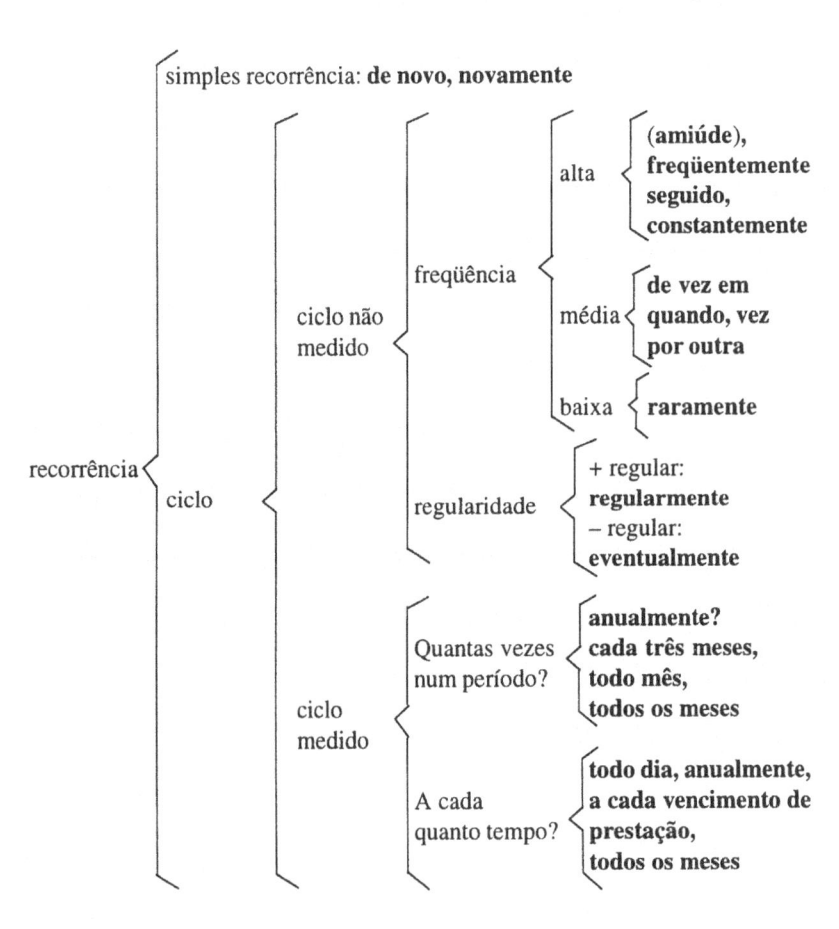

```
                         ┌ numérica ─┬ singular: uma vez
                         │           └ plural: três vezes
                         │
totalização ─┤           │              ┌ sem comparação: algumas vezes
             └ totalização indefinida ──┤                    ┌ mais numeroso: muito
                                        └ com comparação ────┤ discretamente numeroso:
                                          implícita          │    um pouco
                                                             └ menos numeroso: (muito)
                                                                  pouco


                ┌ simples recorrência: de novo, novamente
                │
                │                           ┌ alta ──┬ (amiúde),
                │                           │        │ freqüentemente
                │                           │        │ seguido,
                │                           │        └ constantemente
                │              ┌ freqüência ┤
                │              │            │         ┌ de vez em
                │   ┌ ciclo não┤            ├ média ──┤ quando, vez
                │   │  medido  │            │         └ por outra
recorrência ────┤   │          │            │
                │   │          │            └ baixa ── raramente
                │   │          │
                │   │          │                ┌ + regular:
                │ ciclo        └ regularidade ──┤   regularmente
                │   │                           └ − regular:
                │   │                               eventualmente
                │   │
                │   │                                ┌ anualmente?
                │   │          ┌ Quantas vezes ──────┤ cada três meses,
                │   │          │  num período?       │ todo mês,
                │   │          │                     └ todos os meses
                │   └ ciclo ───┤
                │     medido   │                     ┌ todo dia, anualmente,
                │              │ A cada              │ a cada vencimento de
                │              └ quanto tempo? ──────┤ prestação,
                                                     └ todos os meses
```

58

A primeira observação a fazer sobre esse quadro é que nem todos os adjuntos que respondem à pergunta "quantas vezes" são realmente compatíveis com a idéia de reiteração. Os casos mais evidentes de incompatibilidade são as respostas "semelfactivas", já que toda referência a fatos que não se repetem é incompatível com contextos em que a interpretação reiterativa é obrigatória.

(5-22) X tem vindo somente no dia 5/12 próximo passado.

(opor ao francês "Il est venu lundi dernier")

Menos previsível, mas igualmente categórica, é a impossibilidade de combinar os adjuntos da totalização numérica com o imperfeito e com o passado composto. Comparem-se a esse respeito:

(5-23) a. Ele *vinha/*tem vindo três vezes nos últimos cinco anos.

b. Ele veio três vezes (ao todo).

c. Ele tem vindo várias vezes.

(5-24) a. *O Palmeiras ganhava/tem ganho três vezes e perdia/ tem perdido duas.

b. O Palmeiras ganhou três vezes e perdeu duas.

c. O Palmeiras tem ganho algumas vezes e perdido outras.

d. O Palmeiras ganhou algumas vezes e perdeu outras.

Na realidade (5-23a) e (5-24a) aceitam uma interpretação reiterativa num esquema temporal mais complexo, que se explica como segue: supondo, como parece razoável, que (5-24b) é representado por

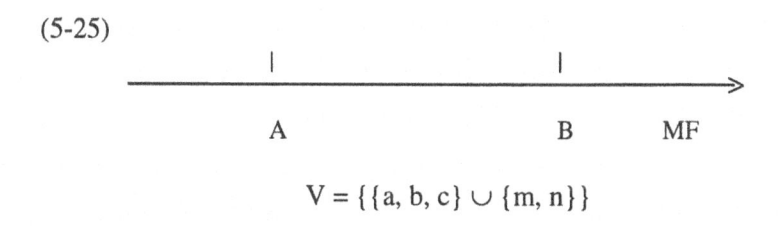

(5-25)

$$\underset{A \qquad\qquad\qquad B \qquad MF}{\vert\text{———————————}\vert\text{————}\longrightarrow}$$

$$V = \{\{a, b, c\} \cup \{m, n\}\}$$

Onde: a, b e c são vitórias do Palmeiras, m e n são derrotas do Palmeiras e o conjunto V se insere no período AB; anterior ao momento de fala.

O uso do imperfeito ou do passado composto em (5-24a) resultaria em tratar (5-25) como um padrão que se reitera:

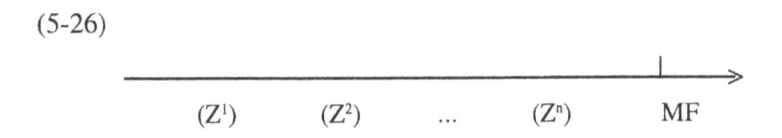

(5-26)

$$\xrightarrow{\qquad\qquad\qquad\qquad\qquad\qquad\mid\qquad}$$
$\quad(Z^1)\qquad(Z^2)\qquad...\qquad(Z^n)\qquad\quad$ MF

Onde cada período Z^1 ... Z^n tem a estrutura inteira descrita em (5-25).

Note-se que se pode interpretar reiterativamente, por um processo análogo,

(5-27) A mercadoria tem sido examinada duas vezes, desde que houve a primeira reclamação do cliente.

(entender-se-á que a mercadoria passa por dois exames diferentes, sempre que chega a ser examinada).

Essas observações parecem confirmar que o perfeito do indicativo, mesmo quando faz referência a fatos "que aconteceram mais de uma vez", localiza-os em bloco num período do passado, em oposição ao imperfeito e ao passado composto, que descrevem o período relevante passado como sujeito à fragmentação. É precisamente por esse motivo que ao descrever (cf. 5.1), principal estratégia para a construção de sentenças reiterativas, mencionei como um fator condicionante a presença de "períodos parciais".

Haveria muito, ainda, a dizer sobre os adjuntos que indicam reiteração, em particular sobre sua forma; basta aqui lembrar que alguns adjuntos indicando reiteração assumem uma forma especial, diferente da dos adjuntos que, mobilizando as mesmas noções, visam a indicar duração ou reiteração. Assim, a sentença,

(5-28) O mercado da arte funciona no domingo na Praça 7,

potencialmente ambígua entre uma leitura reiterativa ("vem funcionando normalmente no domingo) e uma leitura pontual mas futura ("vai funcionar neste domingo..."), torna-se unívoca tão logo substituímos **no domingo** por **aos domingos**. Um caso bem conhecido de adjunto que muda de forma em correspondência com uma interpretação durativa ou reiterativa envolve a palavra **todo**: oponha-se **toda noite** à **noite toda**.

OS AUXILIARES DE REITERAÇÃO

Ao contrário do que ocorre com as desinências verbais, um sentido de reiteração parece estar associado de maneira obrigatória ao tempo que a tradição gramatical chamou de passado composto, ou seja, às perífrases de **pres. + ter + particípio passado** e a certas perífrases com **vir**, como **pres. + vir + gerúndio**. Ambas as construções são problemáticas no esquema de análise proposto no Capítulo 3; a primeira constitui uma interpretação excepcional dentro do paradigma dos tempos compostos formados pelo auxiliar **ter**: não por contradizer totalmente nossa instrução (3-2), mas por ser a única construção em todo o paradigma, em que a interpretação reiterativa é obrigatória; a segunda, porque o auxiliar **vir** só se utiliza no presente e no imperfeito.

Os valores propriamente temporais desses usos exprimem-se na instrução (5-29):

(5-29) Os morfemas adotados pelos auxiliares **vir + gerúndio** e **ter + particípio passado** incluem o momento que seria calculável como ME da forma conjugada, em que se encontra o verbo auxiliar, num período cujo início é anterior e no qual se reitera o evento ou estado de coisas indicado pela base verbal.

(5-29) faz justiça à intuição de que os dois auxiliares **vir + gerúndio** e **ter + particípio passado** estabelecem um ponto de referência para um período que os inclui, embora seja anterior, ao menos em parte. Com isso, a sentenças como

(5-30) Até hoje X vem-nos alertando para o perigo comunista, associamos um esquema temporal como (5-31)

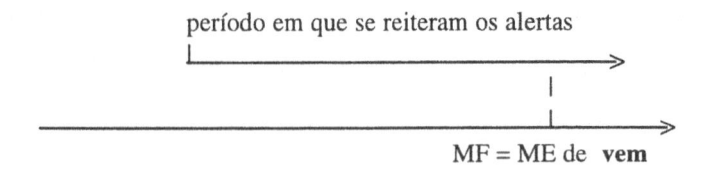

```
              período em que se reiteram os alertas
              └─────────────────────────────────────►
                                              │
     ─────────────────────────────────────────┴──────►
                                         MF = ME de vem
```

A sentenças como (5-32)

(5-32) Até então, vinha-nos alertando para o perigo comunista,

podemos associar um esquema temporal como

(5-33)

```
              período em que se reiteram os alertas
              └──────────────────────►
                         │
     ────────────────────┴────────────────┴──────►
                    MR = ME de vinha      MF
```

REITERAÇÃO E QUANTIFICAÇÃO

Aproximar tempo, aspecto e quantificação dos sintagmas nominais tem sido uma proposta comum nos últimos anos: essa proposta foi motivada de início pela observação de que se alterando o quantificador do objeto direto o predicado como um todo pode emigrar de uma classe aspectual para outra, com conseqüências na interpretação dos adjuntos de tempo. Assim, admite-se que **escrever um romance** e **escrever romances** pertencem a classes aspectuais diferentes, com a conseqüência de que nos exemplos (5-34) e (5-35)

(5-34) Ele escreveu esse romance **há cinco anos.**

(5-35) Ele escreve romances **há cinco anos.**

há cinco anos exprime respectivamente o tempo escoado desde a redação do romance (o efeito é de localização no tempo) e o tempo escoado na redação de romances (o efeito é indicar há quanto tempo dura uma certa atividade). Considerações como essas mostram que a quantificação do objeto direto é um fator importante de interpretação das sentenças e das expressões de tempo.

Aspecto e quantificação do sintagma nominal-sujeito.

A quantificação do SN-sujeito pode também ser um fator relevante. No exemplo a seguir,

(5-36) Antigamente, os empregados obtinham direito à chamada estabilidade ao completarem dez anos numa firma.

é a interpretação reiterativa que justifica o uso do imperfeito; e ela se justifica, por sua vez, porque o predicado "obter direito à chamada estabilidade" se aplica a toda uma classe de indivíduos, uma das interpretações do plural. Se a forma gramatical do sujeito for alterada e, sobretudo, se o sintagma-sujeito for tomado como expressão referencial (alusão a um grupo específico de empregados que poderiam ser identificados um a um no contexto), a gramaticalidade da sentença fica prejudicada:

(5-37) O antigo empregado com quem você acaba de conversar, ao completar dez anos na firma *obtinha/obteve o direito à chamada estabilidade.

As restrições de quantificação exemplificadas em (5-36/37) são análogas às que afetam as seguintes sentenças com verbo no passado:

(5-38) Muitas pessoas têm morrido/morreram de infecção hospitalar.

(5-39) Tancredo Neves *tem morrido/morreu de infecção hospitalar.

(5-40) Muitos músicos passaram/têm passado pela Orquestra Jovem e conseguiram/têm conseguido logo depois um contrato em grandes orquestras profissionais.

(5-41) Os Demônios da Garoa têm-se apresentado/apresentaram-se seguidamente no Teatro Castro Mendes.

(5-42) Os Demônios da Garoa *têm-se apresentado/apresentaram-se uma única vez no Teatro Castro Mendes.

(5-43) Antonio Fagundes apresentou-se/tem se apresentado seguidamente nos teatros de Campinas.

mostram que o presente, o imperfeito, e o passado composto, implicam em aplicar o predicado ao sujeito em ocasiões sucessivas, não importando se o sujeito remete a um único indivíduo (Tancredo Neves em (5-39) e Antonio Fagundes em (5-43)), a um conjunto de indivíduos que não se modifica de uma ocasião para outra (os Demônios como da Garoa em (5-41)) ou uma classe que vai sendo constituída ao longo do tempo precisamente pelo predicado da oração (as pessoas que morrem de infecção hospitalar e os músicos "lançados" pela Orquestra Jovem). Mostram também que o envolvimento de um conjunto de indivíduos numa única ação não é sentida como reiteração, e exige o uso do pretérito perfeito.

Note-se que uma interpretação análoga vale no par:

(5-44) Quando as visitas estacionavam o carro sob a árvore, o vizinho chamava a polícia.

(5-45) Quando as visitas estacionaram o carro sob a árvore, o vizinho chamou a polícia.

onde se distinguem duas histórias bem caracterizadas:

a) repete-se o esquema "estacionou – chamou";

b) as visitas chegam todas ao mesmo tempo e o vizinho faz uma única ligação, que tem a ver com a chegada de todos.

Uma conseqüência interessante da interação entre quantificação do sujeito, escolha dos tempos e aplicação de adjuntos é que muitas vezes se quantifica sobre pessoas descritas nos termos integrantes da oração através do adjunto adverbial. Assim, em

(5-46) É válido que haja creches, onde a criança fica sob os cuidados de pessoal treinado, porque a mãe às vezes não tem condições de educar a criança em casa.

às vezes quantifica sobre o conjunto das mães ("algumas mães não têm condições de educar suas crianças em casa"). A julgar pelas amostras de língua falada que venho examinando nos últimos anos, essa construção é comum e assume formas diversificadas. De certo modo, ela ajuda a compreender que a reiteração se prolonga nos chamados "usos a-temporais" do presente do indicativo.

Tempo verbal e quantificação em sentenças de apresentação

As restrições descritas na secção anterior reaparecem, de forma um tanto modificada, nas chamadas "sentenças de apresentação", de que valem como amostra (5-47) a (5-49):

(5-47) Naquele ano havia   *o primeiro atropelamento que aconteceu na cidade / *um atropelamento.
*cinco/muitos/alguns atropelamentos.

(5-48) Naquele ano houve   - o primeiro atropelamento que aconteceu na cidade / um atropelamento.
- cinco/muitos/alguns atropelamentos.

(5-49) Naquele período havia   um grande interesse da classe média por produtos importados – o maior interesse da classe média por produtos importados.

Esses exemplos mostram que para explicar o uso do imperfeito e do perfeito do indicativo nas sentenças de apresentação, uma distinção precisa ser feita entre substantivos contáveis (um, dois, quarenta e sete atropelamentos) e substantivos não contáveis (**interesse pelo esporte, um grande interesse pelo esporte** mas não *****dois interesses pelo espor-**

te). Do ponto de vista do pesquisador, estas observações valem pela ponta de um *iceberg*; vale registrá-las, inclusive pela alta freqüência que as sentenças de apresentação têm na língua falada. Mas um tratamento mais aprofundado exigiria um aparato formal cuja exposição vai muito além dos meus limites, aqui e agora.

DURAÇÃO E REITERAÇÃO NUMA PERSPECTIVA ÚNICA

Ao longo deste capítulo, demos uma atenção privilegiada a uma forma perifrástica – o passado composto. Na realidade, além de encará-lo como forma a ser descrita, o utilizamos em vários momentos como expressão prototípica da reiteração, atitude provavelmente justificada pelo fato de ser a única forma verbal capaz de expressar reiteração independentemente do recurso a adjuntos.

O interesse pelo passado composto não é novo entre os gramáticos de nossa língua; nem era de estranhar que seus valores – totalmente idiossincráticos no confronto com as formas correspondentes das demais línguas românticas – chamassem a atenção dos pesquisadores. Até a década de 30, dois grandes lingüistas portugueses, Gonçalves Viana e Paiva Boléo, já haviam estudado a fundo essa forma, explicitando algumas importantes intuições a seu respeito.

Paiva Boléo registra que, além dos valores reiterativos, existem para o passado composto português valores estritamente durativos, de que seriam protótipo as sentenças

(5-50) Tenho estado doente.

(5-51) Tenho ficado de cama.

Na realidade, Paiva Boléo foi além e sugeriu que o valor durativo do passado composto é mais fundamental que seu valor reiterativo. Naturalmente, Paiva Boléo não nega que existam valores reiterativos do passado composto; mas argumenta que eles não exprimem de maneira transparente a natureza mais fundamental daquela perífrase.

A proposta de Paiva Boléo tem uma afinidade muito forte com a orientação metodológica mais geral deste livro, e em particular com a descrição geral que demos aos auxiliares, ao tratá-los como operadores que agem sobre características gramaticais das formas conjugadas, modificando-as de forma regular.

Como a escolha de uma interpretação durativa ou reiterativa do passado composto resulta em grande parte da **Aktionsart** do predicado a que ele se aplica, com tendência a interpretar durativamente o passado composto dos predicados de estado (como "estar doente") e reiterativamente os predicados de ação (como "pular o alambrado"), seria desejável que substituíssemos a instrução (5-29) por outra que, adotando uma única formulação, chegasse a duas interpretações diferentes, em função da **Aktionsart** do predicado a que se aplica.

Tendo examinado em detalhe várias sentenças de passado composto, podemos formular com alguma clareza de suas implicações esta observação, que vale como uma primeira orientação, face ao problema de Paiva Boléo:

a) O passado composto afeta a interpretação dos predicados da mesma maneira que um adjunto de duração o faria;

Além disso, basta refletir sobre a interpretação de sentenças como

(5-52) Pedro não tem vindo.

e sobre os motivos que fazem de (5-53) uma seqüência contraditória

(5-53) Pedro não tem vindo nos últimos dias, mas apareceu há exatamente três dias.

para descobrir que

b) ao negar um predicado de ação no passado composto não negamos a reiteração da ação, mas negamos que a ação tenha se produzido a qualquer momento, num período implicado.

Essas duas observações reforçam a tese do valor durativo básico, mas levantam, por outro lado, o problema de conceitualizar a reiteração em geral como um caso de duração.

Uma maneira não abusiva de realizar essa conceitualização consiste em afirmar que o Português tem a capacidade de formar – precisamente pelo recurso ao passado composto – verbos que indicam ações complexas a partir de verbos simples: **dei um telefonema** estaria então para **tenho telefonado** como **reinar**, uma atividade complexa, está para cada um dos atos que o rei cumpre: abrir e encerrar reuniões do conselho da coroa, inaugurar exposições eqüinas, pronunciar periodicamente uma fala do trono e posar em retratos destinados à posteridade.

Uma outra maneira, que também não é abusiva (e aliás não conflita com a primeira), consiste em entender que a reiteração de uma ação ou mesmo a intermitência de um estado ou atividade caracteriza um período, da mesma forma que a vigência de um estado de coisas ou o desenrolar-se de uma atividade o faria.

É claro que as duas saídas têm um custo. Como em todos os casos em que está em jogo uma decisão importante, resta saber se compensa arcar com ele.

A EXPRESSÃO DO TEMPO NAS ORAÇÕES SUBORDINADAS

Ao estabelecer os valores dos morfemas de tempo nas orações subordinadas, as classificações tradicionais são geralmente de pouca valia: a classificação tradicional em substantivas (subjetivas, objetivas diretas, etc.) adjetivas (restritivas e explicativas) e adverbiais (consecutivas, comparativas, etc.) não fornece pistas confiáveis sobre o uso dos morfemas de tempo em orações subordinadas, já que este pode diferir, entre subordinadas de um mesmo tipo, conforme o verbo regente. Por exemplo, nos períodos gramaticais que contêm como regente o verbo **prever**, espera-se que o evento previsto seja posterior ao próprio ato de prever; exatamente a condição inversa se impõe para **lembrar**; entretanto ambos os verbos introduzem orações que, na classificação tradicional, são qualificadas como objetivas diretas. As propriedades lexicais dos verbos regentes correspondem a propriedades sintáticas das orações subordinadas apenas de maneira precária; tanto quanto sei, uma sistematização completa dessas relações nunca foi tentada.

O objetivo deste capítulo é o de traçar algumas diretrizes para a expressão do tempo nas orações subordinadas, e de levantar alguns dos principais problemas de seu tratamento. Por isso, limitar-me-ei a alguns tipos de orações cujo interesse maior consiste provavelmente em permitirem formular com clareza algumas dificuldades de descrição, pelo recurso às noções tratadas nos capítulos anteriores.

SUBORDINADAS SUBSTANTIVAS

É sabido que as orações substantivas têm verbo no indicativo ou no subjuntivo dependendo de características lexicais do verbo da oração regente. É obrigatório, por exemplo, o uso do indicativo com verbos de **dizer** e **saber**; ao contrário, é obrigatório o uso do subjuntivo com verbos regentes expressando **vontade**. Ora, é comum que os verbos que introduzem orações substantivas, além de predeterminarem o modo do verbo da oração subordinada, estabeleçam também restrições de tempo. Nesses casos, a ocorrência dos tempos e perífrases verbais resulta freqüentemente de um automatismo gramatical e não de uma escolha feita a partir de um repertório de opções autenticamente significativas.

Tome-se o exemplo

(6-1) Pedro disse que em nenhum momento previu que José **morreria**.

Ressalvada a possibilidade de **morresse**, que é talvez possível em alguns registros de fala com uma diferença de sentido a ser melhor investigada, o verbo **morreria** não comuta aí com nenhuma outra forma. A situação é outra em (6-2) onde **tentaria** comuta com **tentara / tinha tentado**, **tentava**, **vinha tentando** etc.

(6-2) Pedro disse que sabia que André **tentaria** o suicídio.

Nessas condições, o estudo da expressão do tempo nas orações subordinadas substantivas deveria começar pelo estudo dos verbos regentes e das opções que facultam quanto aos tempos e modos do verbo da subordinada e deveria analisar, em seguida, cada uma dessas opções.

Para ganhar uma perspectiva sobre apenas alguns dos problemas envolvidos (objetivos mais sistemáticos ficam excluídos neste tratamento), examinarei casos de interpretação temporal referentes a dois tipos de orações substantivas: as que são regidas pelos *verba dicendi* (**dizer** e análogos) e as que são introduzidas pelos verba *timendi* (**esperar, recear** e **temer**).

Orações substantivas subordinadas a verbos de dizer: o princípio de compartilhamento

Interpretando-se as orações de (6-3) como períodos independentes, os valores dos tempos do verbo são os descritos no Capítulo 1, indicados ao lado.

(6-3)   a. A carta chega hoje.
                              (ST = RT = ET)
         b. O telegrama chegou durante o dia de ontem.
                              (ST ← RT = ET)
         c. José chegará nas próximas 24 horas.
                              (ST → RT = ET)

Para relatar que alguém, Pedro, está dando as informações contidas em (6-3) neste exato momento, seria correto antepor àquelas orações a expressão **Pedro está dizendo que**, sem alteração dos valores temporais.

(6-4)   a. Pedro está dizendo que a carta chega hoje.

         b. Pedro está dizendo que o telegrama chegou durante o dia de ontem.

         c. Pedro está dizendo que José chegará nas próximas 24 horas.

As sentenças de (6-5), a despeito de serem todas interpretáveis e a despeito de terem como verbo principal **dizer**, no passado, não seriam relatos adequados de atos de fala ocorridos no passado, tendo por conteúdo (6-3):

(6-5)   Pedro disse que a carta chega hoje.

             Pedro disse que a carta chegou durante o dia de ontem.

             Pedro disse que José chegará nas próximas 24 horas.

A inadequação desses relatos tem duas causas:

a) antes de mais nada, os adjuntos adverbiais presentes nas subordinadas de (6-5) são todos do tipo que numa passagem anterior chamamos *dêitico*, isto é, sua interpretação se faz por referência ao momento da fala, ou seja, o MF da oração principal, ao passo que o contexto exige uma referência **ao momento da fala de Pedro**;

b) há um problema análogo com os verbos: espera-se que eles situem as várias chegadas a partir da fala de Pedro, mas os tempos verbais empregados são do tipo que toma por referência o ato de fala em que é pronunciada a sentença como um todo. Assim, para obter bons relatos de falas passadas, exigem-se duas correções: substituir os advérbios por outros, de caráter anafórico, e utilizar ao invés do presente, perfeito e futuro, os chamados "tempos relativos" do passado: imperfeito, mais-que-perfeito e futuro do pretérito.

(6-6) Pedro disse que a carta **chegava no mesmo dia**.

Pedro disse que o telegrama **chegara / tinha chegado na véspera**.

Pedro disse que José **chegaria nas 24 horas imediatamente seguintes**.

Nesses relatos "corretos", os morfemas de tempo utilizados nas orações subordinadas têm em comum a característica de estarem estruturalmente associados a um MR passado em relação ao momento de fala, e que equivale ao ME do verbo **disse** da oração principal. Mera coincidência?

Carlota Smith, estudando um fenômeno análogo para o inglês, constatou que o ME da oração regente coincide com MR da oração subordinada de maneira regular e constante, e formulou essa regularidade mediante o princípio (6-7), ao qual chamou, significativamente, de *sharing principle* ("princípio de compartilhamento").

(6-7) [*Sharing principle*] Nos períodos gramaticais onde o verbo regente é um verbo de dizer, o MR da oração subordinada é o ME da oração principal.

Interessa incorporar o *sharing principle* na gramática do tempo, em português? A despeito de termos introduzido o princípio comentando e manipulando exemplos de nossa língua, não é possível responder categoricamente que sim: o princípio dá resultados contra-intuitivos quando aplicado aos tempos do futuro, e não parece aplicar-se com a mesma facilidade a todos os empregos de tempos passados. Considerem-se inicialmente as sentenças de (6-8)

(6-8) a. Ontem, às 5 horas, José **tinha chegado**.
b. Ontem, às 5 horas, Pedro disse que José **tinha chegado**.
c. Amanhã, às 5 horas, José **terá chegado**.
d. Amanhã, às 5 horas, Pedro dirá que **José chegou**.

O par a./b. ilustra perfeitamente o princípio (6-7): a fórmula temporal associada ao verbo **tinha chegado** (ME > MR > MF) implica na indicação de um momento de referência que é fornecido pelo adjunto **ontem, às cinco horas** em a., e que coincide com o momento de evento de **disse** em b., como seria de esperar pelo *sharing principle*. Pelo mesmo princípio, o verbo da subordinada, em d. deveria estar na forma **terá chegado**; não só isso não ocorre, mas a sentença.

(6-9) Amanhã, às 5 horas, Pedro dirá que **José terá chegado**.

é agramatical, precisamente por causa da perífrase de tempo utilizada.

Pode parecer estranho que o *sharing principle* funcione em inglês, e fracasse precisamente em português, língua derivada do latim, quando fornece uma representação quase perfeita da correlação dos tempos latinos. Nessa ordem de considerações é bastante espontâneo imaginar que a correlação dos tempos latina só se teria preservado no passado, sendo ao contrário tumultuada nos tempos do futuro pelo aparecimento dos dois futuros românicos: o do presente e o do pretérito.

73

Na realidade, essa maneira de colocar as coisas não passa de pura especulação. É possível construir a oração subordinada no perfeito, indicando anterioridade, mesmo com verbo regente no passado, e o caso mais comum é o de enunciados como:

(6-10) Locutor A - Por que você não trouxe o leite?
Locutor B - Porque não tem. Disseram que os empregados dos laticínios entraram em greve à meia-noite.

Fatos como esses mostram que, se se quiser falar de "correlação dos tempos" em gramática do português, devemos estar preparados para distinguir várias fórmulas de correlação, funcionando em diferentes tipos de sentenças: em particular, ao lado de uma "correlação de tempos" de estampo latino, que seleciona os tempos da subordinada em função de relações de anterioridade, simultaneidade e posterioridade com o fato expresso na principal, existe uma "correlação" baseada no momento de fala da sentença tomada como um todo. Há uma diferença a esclarecer entre

(6-11) Pedro disse que José chegou.

(6-12) Pedro disse que José tinha chegado.

e vale a pena investigar por que em (6-13)

(6-13) Quando o vi pela primeira vez, há dois meses, Pedro disse que José tinha voltado da França.

o pretérito perfeito seria motivo de anomalia.

Orações subordinadas substantivas regidas por verbos de receio

As substantivas dependentes de verbo de expectativa (como **esperar, temer, recear**...) constituem um caso típico da subordinada com verbo no subjuntivo, com duas alternativas básicas:

- utilizar perífrases (sobretudo as formadas por **ter-DO, ir-R, estar-NDO**) ou as formas simples do verbo;

- adotar, na forma verbal flexionada, os morfemas do presente, ou os do imperfeito.

Mediante a primeira alternativa (que é uma opção real, com significado temporal claro), exprime-se o evento ou estado de coisas a que se faz alusão na subordinada é anterior, simultâneo ou posterior ao momento em que se situam as expectativas e os receios descritos na oração principal. À primeira vista, a segunda alternativa não dá origem a uma opção autêntica, mas apenas a uma alteração que poderia ser caracterizada sintaticamente como um caso de co-ocorrência, e semanticamente como um exemplo de redundância: o verbo da subordinada vai para o subjuntivo presente toda vez que o ME da principal é simultâneo ou posterior a MF; para o imperfeito do subjuntivo toda a vez que o ME da oração regente é anterior a MF. Compare:

(6-14) a. X disse que receava que Y viesse / tivesse vindo / fosse vir / estivesse vindo / ? venha / tenha vindo, etc.

b. X diz que receia que Y venha / tenha vindo / vá vir / esteja vindo / ? viesse / ? tivesse vindo, etc.

A possibilidade de construir a oração regente no passado, com subordinada no presente, exemplificada em

(6-15) Todos receavam que o documento seja falso.

pode estar indicando duas maneiras distintas de localizar no tempo os conteúdos do receio, temor, etc.; uma delas, que utiliza o subjuntivo presente, dependendo diretamente do MF e a outra, que utiliza o subjuntivo imperfeito, dependendo do ME da principal.

ORAÇÕES SUBORDINADAS ADVERBIAIS

Para tratar de tempo a propósito dos inúmeros tipos de orações subordinadas adverbiais existentes em Português, é inevitável fazer referência aos conectivos que as introduzem, o que obriga a uma análise extremamente detalhada. Cabe contudo distinguir duas situações que parecem irredutíveis:

a) a interpretação temporal da principal depende da interpretação temporal prévia da subordinada;

b) a interpretação temporal da subordinada depende da interpretação prévia da principal.

A primeira situação é própria das subordinadas temporais, a outra, de todas as demais subordinadas do português. Para ilustrar as duas situações, examinarei rapidamente o caso das subordinadas concessivas introduzidas por **embora** e o caso das subordinadas temporais.

As orações concessivas introduzidas por **embora** constituem um caso claro de oração subordinada em que a localização cronológica do evento ou estado de coisas, que é objeto de "concessão" em face do momento de fala, deve ser derivada contextualmente, mediante uma interpretação prévia das orações regentes.

Reencontramos aqui as duas opções descritas a propósito das subordinadas dependentes de verbos de receio, a saber a opção de usar formas simples ou perífrases de um lado, e a alternância entre o presente e o imperfeito do subjuntivo de outro.

Normalmente, o presente é interpretado como indicando simultaneidade ao MF, ou ao ME da oração regente quando este é simultâneo ou posterior a MF. Há nisso uma fonte de ambigüidade para subordinadas com verbo no presente, dependentes de verbos no futuro, que exemplifico em (6-16):

(6-16) Embora esteja chovendo, irei ao cinema amanhã.

(chove no momento de fala **ou** no dia seguinte). O subjuntivo imperfeito indica simultaneidade de subordinada com um ME passado.

A classificação tradicional das orações subordinadas em substantivas, adjetivas e adverbiais, retoma e reforça uma velha tese que as considera autênticos termos de oração regente, assumindo funções que podem ser de **termo integrante, adjunto adnominal** ou **adjunto adverbial**. Essa perspectiva é proveitosa para o estudo das subordinadas temporais na medida em que as representa como adjuntos de tempo que, à semelhança dos demais, localizam eventos, especificam durações e, eventualmente, marcam reiteração, obedecendo a regras estritas de coocorrência com os vários tipos de predicados que distinguimos em 4-1 (predicados "de estado", "de atividade", "de ação associada a tempo escoado" ou a "tempo empregado").

Não admira encontrar nas orações subordinadas temporais os mesmos elementos estruturais que descrevemos nos capítulos anteriores, para cada tipo de adjunto; assim, em

(6-17) Três dias antes que o político fosse seqüestrado, a entrevista já tinha sido mandada à redação do jornal.

é possível reconhecer (1) um evento passado (o seqüestro) que (2) é tomado como argumento da função "três dias antes...", mediante a qual (3) se localiza um outro momento passado que servirá para localizar, no tempo, o envio da entrevista. Note-se que é sensível nessa sentença a mesma ambigüidade que foi detectada a propósito dos adjuntos, que consiste em interpretar o momento identificado pela subordinada como MR ou como ME da oração principal.

O que marca as orações subordinadas temporais em relação aos demais adjuntos de tempo é de qualquer maneira a complexidade das relações temporais que permitem calcular. (6-17) dá uma idéia dessa complexidade, idéia que certamente fica reforçada quando se tenta diagramar do ponto de vista das relações temporais que expressam as sentenças complexas extraídas da linguagem corrente. Eis alguns exemplos:

Primeiro exemplo:

(6-18) No dia em que o Rui foi preso por não portar documentos, vigorava o AI-5, e todo indivíduo não identificado era encarado como um terrorista potencial.

77

```
          N                    O
          |_____|
    _____|_____|_____→
          M                    MF
```

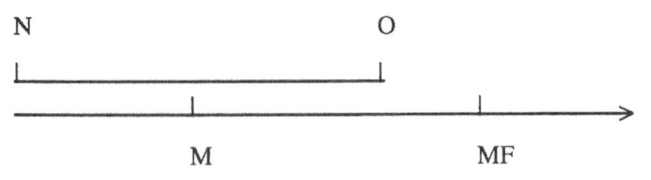

Onde: M = a prisão do Rui, tomada como momento de referência;

NO = o período de vigência do AI-5;

M pertence ao segmento NO.

Segundo exemplo:

(6-19) Meu marido jogava **antes** um pouco, mas foi **logo que nos casamos**, no tempo de solteiro ele jogava no Colégio, e depois ele jogou um tempo no Força e Luz.

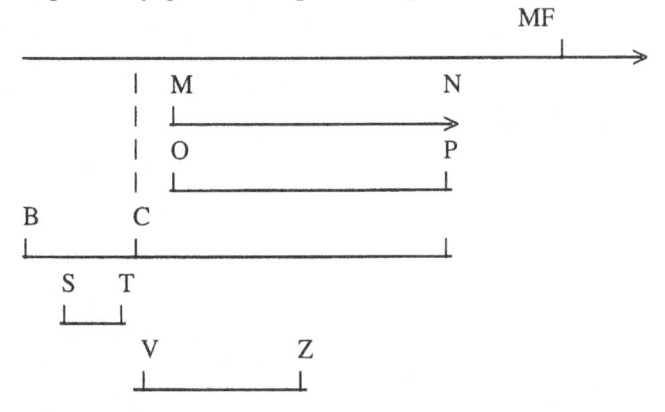

```
                                         MF
    _____|____→
          |  M              N
          |  |_____>
          |  O              P
          |  |_____|
     B    C                           
     |____|_____|
        S    T
        |____|
                V        Z
                |_____|
```

Onde: MN é o período identificado por **antes**, que não alcança o momento de fala;

OP (= MN) corresponde à primeira ocorrência de **jogava**; OP inclui-se em CP, caracterizado como um período próximo ao casamento e posterior a ele;

BC é o "tempo de solteiro";

ST é o período em que o marido jogou no Colégio, parte de BC;

VZ é o período em que o marido jogou no Força e Luz (a única informação de que dispomos é que esse período é posterior a ST, avançando ou não além de C.

Notar que: **antes** e **depois** localizam períodos (relativamente a MF e à saída do Força e Luz, respectivamente) sem dar limites exatos.

Terceiro exemplo:

(6-20) Aprendi nadar no Rio do Peixe no tempo que havia a construção da ponte, há muitos anos, quando era criança.

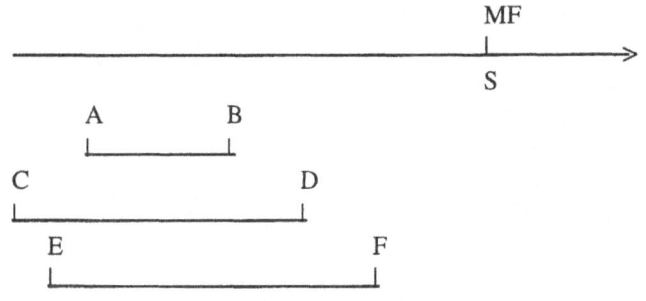

```
                                    MF
────────────────────────────────────┼────────────>
                                              S
              A         B
              ├─────────┤
     C                      D
     ├──────────────────────┤
        E                F
        ├────────────────┤
```

Onde: AB corresponde ao período de aprendizado (representado como um processo durável) e se inclui completamente em dois outros;

CD o período em que dura a construção da ponte;

EF a infância do falante;

BS corresponde à distância entre o fim de AB e o momento de fala; essa distância é medida em anos, mas sem precisão numérica.

Antes de sair do assunto das subordinadas temporais, uma última curiosidade: é possível que, numa análise rigorosa, a conjunção **quando** precisasse ser excluída do rol das conjunções temporais: é possível com efeito que em

(6-21) Quando a empregada chegou às 10, a patroa se zangou.

a conjunção "quando" não esteja relacionando **o momento** em que a patroa se zanga com o **momento** em que a empregada chega (digamos:

79

as dez horas de um certo dia), mas a **ocasião** em que a patroa se zanga com a ocasião em que a empregada chega às 10. Esse fenômeno ocorre toda vez que a oração subordinada que define um MR ou um ME para a principal tem por sua vez um MR definido por advérbio de tempo. Ou se nega que (6-21) contenha uma subordinada temporal, ou se reformula o conceito de tempo com que viemos trabalhando até aqui, incorporando a ele a noção de vez = ocasião. Essa segunda possibilidade é talvez a mais sábia, já que é precisamente o conceito de vez = ocasião que intervém nos adjuntos que indicam reiterações paralelas:

(6-22) X encontrava Y toda vez que descia para o litoral.

ORAÇÕES ADJETIVAS

Em relação às subordinadas adjetivas, há interesse em concentrar a atenção em duas questões:

a) Até que ponto a escolha dos tempos verbais na subordinada adjetiva afeta a escolha na principal, e vice-versa?

b) É possível, no que diz respeito aos valores temporais, aplicar uma mesma descrição às adjetivas que se exprimem no indicativo e às que se exprimem no subjuntivo?

Num sentido, há claras evidências de que o uso do tempo na relativa subordinada ao SN – sujeito cria restrições para o tempo da oração principal, como em (6-23)

(6-23) A viagem que meu irmão está fazendo é/*foi mais proveitosa do que um curso.

No outro sentido, é relevante lembrar que as relativas admitem, ao lado de uma interpretação temporal que se calcule diretamente a partir de MF, uma interpretação indireta, em que o fato ou estado de coisas referido pela oração adjetiva é localizado relativamente aos fatos ou estados de coisas descritos na oração principal. Nesta segunda construção, usam-se para expressar simultaneidade, anterioridade e posterioridade os mesmos tempos que foram descritos a propósito das orações objetivas dependentes de verbos de dizer, com o acréscimo do chamado "subjuntivo futuro", cujo papel é então o de marcar simultaneidade a um fato futuro, como em

(6-24) O passaporte é concedido aos que tencionam viajar.

O passaporte foi concedido aos que tencionavam viajar.

O passaporte será concedido aos que **tencionarem** viajar.

Com relação a (b) é sabido, com efeito, que as orações adjetivas levam, às vezes, o verbo para o subjuntivo, num registro elevado do Português, com um matiz de sentido intuitivamente diferente.

(6-25) O passaporte é concedido aos que queiram viajar.

O passaporte era concedido aos que quisessem viajar.

O passaporte será concedido aos que quiserem viajar.

A dificuldade e o desafio deste problema é que com os valores propriamente temporais das duas construções se combinam outros valores: foi aventado, com efeito, que as subordinadas no indicativo pressupõem a existência de indivíduos que satisfazem a descrição e constatam um fato, ao passo que as subordinadas no subjuntivo teriam sentido mesmo num mundo em que ninguém pedisse passaporte, já que parecem formular uma lei. Reencontramos aqui uma situação já bastante familiar: a de termos que tratar de valores temporais intimamente associados a valores modais. Sempre que isto aconteceu neste livro interrompemos a exposição, e é o que faremos aqui também.

CONSIDERAÇÕES

Ao longo deste livro, tratamos informalmente de construções e expressões que indicam tempo.

As questões que ficam em aberto são muitas e complexas, a começar pelas que seria preciso levantar se tentássemos uma conceituação filosófica e psicológica do tempo. Nossa exposição adotou um ponto de vista estritamente lingüístico, e visou tão-somente a mobilizar e situar uma série de intuições correntes, evitando o compromisso de justificar uma teoria acabada. Mas o livro força, em vários sentidos, a "repensar a língua portuguesa", valendo a pena explicitar duas dessas direções que não devem ter escapado ao leitor:

a) embora as informações sobre tempo constituam um sistema, que pode ser objeto de uma análise específica, esse sistema mantém relações complexas, mas ainda pouco conhecidas com outros sistemas, como a modalidade, o aspecto verbal e os mecanismos de coerência e coesão textual. Há muito a aprender numa separação cuidadosa dessas informações, que a tradição gramatical vem confundindo há séculos;

b) a localização no tempo dos atos, estados e processos expressos pelas sentenças da língua é basicamente o resultado de uma construção. Essa construção envolve os morfemas verbais, os auxiliares, os adjuntos e, eventualmente, informações que buscamos em lugares bem determinados do contexto. Numa interação, descobrimos que certos aspectos da língua funcionam "como um cálculo".

Ora, os aspectos do processamento verbal que lembram um cálculo são muito mais numerosos do que se costuma pensar, e a fórmula que consiste em estudar as línguas naturais apoiando a intuição pela exatidão do formalismo é a grande responsável por todos os grandes avanços por que passou até hoje nossa compreensão dos fenômenos lingüísticos.

REFERÊNCIAS BIBLIOGRÁFICAS

BULL, W. *Tense and the verb*. Los Angeles: UCLA, 1971.
CASTILHO, Ataliba T. *Introdução ao estudo do aspecto verbal na língua portuguesa*. FFCL de Marília (SP), 1968.
COROA, Maria Luisa M. S. *O tempo nos verbos do português: uma introdução à sua interpretação semântica*. Brasília: Thesaurus, 1985.
ILARI, Rodolfo. *Perspectiva funcional da frase portuguesa*. 2 ed. revista. Campinas: Editora UNICAMP, 1992.
IMBS, Paul. *L'emploi des temps verbaux en franças moderne*. Paris Klinksieck, 1960.
JOHNSON, Marion R. "A unified temporal theory of tense and aspect". Em Teceschi Ph. e Zaenen (org.) *Syntax and semantics 14* (= Tense and Aspect) New York: Academic Press, 1981. pp. 145-175.
KLUM, Arne. *Verbe et adverbe*. Estocolmo: Almqvist & Viksell, 1961.
LOBATO, Lúcia M. P. "Os verbos auxiliares em português contemporâneo. Critérios de auxiliaridade". In: *Análise lingüística*. Petrópolis, Vozes, 1975.
PAIVA-BOLÉO, Manuel. *O pretérito e o perfeito em português, em confronto com as outras línguas românicas*. Coimbra, Imprensa da Universidade, 1936.
PONTES, Eunice. *Verbos auxiliares em português*. Petrópolis, Vozes, 1973.
REICHENBACH, H. *Elementos of symbolic logic*. New York, Macmillan, 1947.

SMITH, Carlota. "The syntax and interpretation of temporal expressions in English". *Linguistics and philosophy*, 2, 1978. pp. 43-100.
TRAVAGLIA, Luís Carlos. *O aspecto verbal no português*. Ed. revisada. Uberlândia: Universidade Federal de Uberlândia, 1985.
VENDLER, Zeno. *Linguistics and philosphy*. Ithaca: Cornell U. Press, 1967.
WEINREICH, Uriel. "Explorations in semanti theory". (1965) Em: T. A. Sebeok (org.) *Current trends in linguistics, vol. III, Theoretical Issues*. Haia: Mouicton. pp. 395-477 (tradução portuguesa em Lúcia Lobato - org.) *A semântica na literatura moderna*: o léxico. Rio: Francisco Alves, 1977. pp. 165-274.

CADASTRE-SE
EM NOSSO SITE,
FIQUE POR DENTRO DAS NOVIDADES
E APROVEITE OS MELHORES DESCONTOS

LIVROS NAS ÁREAS DE:

História | Língua Portuguesa
Educação | Geografia | Comunicação
Relações Internacionais | Ciências Sociais
Formação de professor | Interesse geral

ou
editoracontexto.com.br/newscontexto

Siga a Contexto
nas Redes Sociais:
@editoracontexto